우리 아이 수학 영재 만들기

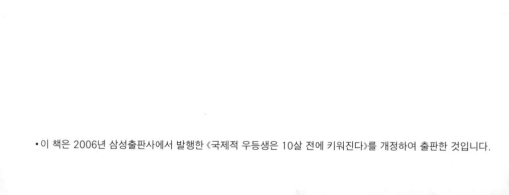

• 이 책은 2006년 삼성출판사에서 발행한 《국제적 우등생은 10살 전에 키워진다》를 개정하여 출판한 것입니다.

우리 아이
수학 영재 만들기

전평국

멀지만 확실한 길
가르치는 대신 묻고 기다려라

책을 처음 출판하고 나서 독자에게 많은 사랑을 받았다. 이 땅의 많은 부모가 아이 교육에 관해 나와 같은 고민을 하고 있음을 느꼈다. 최근 주변에서 '수포자(수학을 포기한 사람)'로 자라는 아이가 생각보다 많다는 말을 들었다. 참으로 슬픈 일이다. 주변의 많은 학부모는 나에게 묻는다. "우리 아이가 수학을 어떻게 하면 잘할 수 있을까요?" 질문을 받을 때마다 나는 "등산할 때를 생각해 보세요."라는 말로 답을 대신한다.

등산은 혼자 힘으로 해야 한다. 힘이 모자랄 때는 옆에서 도움을 주기도 한다. 하지만 혼자 힘으로 정상에 도달할 때의 그 쾌감은 어느 누구도 대신할 수 없다. 수학 공부 역시 등산과 같은 과정이 필요하다. 즉, 부모는 아이가 스스로 해결하고 쾌감을 느낄 수 있는 기회를 빼앗지 말아야 한다.

이 책을 쓸 때 세 가지 생각을 전제했다. 첫째는 경험해 보지 않았던 어떤 상황을 처음 접할 때 누구나 두려움이 앞설 수 있다는 것, 둘째는 아이의 생각은 어른의 생각과 차이가 있을 수 있고 아이의 생각을 존중해야 한다는 것, 셋째는 수학 공부를 하는 데 있어서 연습이 필요할 때가 있지만 무의미한 반복 연습은 아이에게 지루함만 줄 뿐 크게 도움이 되지 않는다는 것이다. 그렇기 때문에 나는 아이에게 직접 수학을 가르치거나 무의미한 반복 연습을 시키기보다는 아이에게 어려서부터 수학에 대한 두려움을 갖지 않고 의미 있는 경험을 주는 것이 필요하다고 생각했다.

아이를 키우면서 확고하게 지켰던 한 가지가 있다. 아이에게 생각할 기회를 줄 것. 아이가 물어 와도 바로 가르쳐 주지 않고 "왜 그럴까? 한번 생각해 봐." 하고 스스로 답을 찾을 때까지 기다렸다. 이 한 가지를 지킴으로써 얻을 수 있는 것은 너무나도 많았다. 스스로 생각하는 힘, 자립심, 표현력, 끈기……. 하지만 질문만 던진다고 되는 일은 아니다. 아이가 의문을 갖고 답을 구할 수 있도록 부모로서 해 줄 일들이 있다.

아이가 늘 반짝이는 호기심을 가지도록 넓은 세상을 보여 주고, 부모에게 기대지 말고 자신을 믿으라고 응원하고, 넘어지면 털고 일어서라고 격려하고, 끈기 있게 매달리면 안 되는 일이 없다고 말해 주는 일이다. 힘닿는 한 많은 기회를 만들어 주면서 아이가 수학적 경험을 자연스럽게 쌓아 수학에 대한 두려움을 갖지 않도록 하는 것이 중요하다.

사실 그동안 출판사와 지인들에게 책 내라는 권유와 제안을 많이 받았지만 이 책을 출간하기까지 망설이는 시간이 길었다. 나와 내 아이의 이야기를 글로 쓰는 순간 다른 이야기로 바뀌어 버릴까 봐, 자칫 독자에게 잘못 전달될까 봐 두려웠다. 자식 자랑이나 하는 팔불출 소리를 듣게 될 것도 싫었다. 하지만 오랜 생각 끝에 집필을 결심했다. 우리 부부가 딸아이를 어떤 마음으로 키웠는지, 어떤 덕목을 가르치고자 했는지, 무엇을 중요하게 여겼는지를 기록으로 남기는 것도 의미 있는 작업이 될 것이라고 고쳐 생각하게 되었다.

내가 이 책에서 중점적으로 다루고자 한 것은 수학을 공부한 교육자이자 학자로서의 기록이다. 어린아이들이 수학과 관련된 어떤 의문이 생기고, 그것을 어떻게 생각하고 표현하는지 궁금했기에 딸아이를 키우면서 의도된 질문을 많이 했다. 하지만 해답을 강요하거나 설명하지는 않았다. 아이가 질문에 대한 자신의 생각을 분명하게 대답하도록 격려하고, 스스로 해결할 때까지 기다려 주었다. 내가 딸아이에게 실험적으로 시도한 여러 방법들은 어린 자녀의 수학 공부 때문에 고민하는 부모에게 하나의 실마리를 제공할 수 있을 것이다.

딸아이가 살아가는 동안 어떤 도전을 받고 어떤 성취를 해낼지 점치고 싶지는 않지만, 우리 부부의 가르침을 밑거름 삼아 자신의 삶을 사랑하고 현명하게 이끌 줄 아는 사람, 행복한 사람이 될 것이라 믿는다. 아울러 무사히 책을 마칠 수 있도록 도와준 롱테일북스 이수영 대표님을 비롯한 관계자 여러분에게 감사를 드린다. 특히 개정판을 내는 데 같이 마음 써준 아내와 딸아이에게 사랑을 전한다.

기나긴 수학적 실험이 맺은 결실

이 책의 지은이인 전평국 교수는 초등학교와 중학교 교사로 일하면서 적지 않은 현장 경험을 쌓았다. 한국교육개발원에서 수학 교육의 이론과 실제에 관한 여러 문제를 연구하였고, 미국의 유수한 대학에서 수학 교육으로 박사 학위도 받았다. 한마디로 그는 수학 교육에 관한 매우 균형 잡힌 이론과 경험 그리고 감각을 갖춘 사람이다.

전평국 교수와 오랜 세월 동안 가까이 지낸 것은 내게 큰 기쁨이자 특권이었다. 그를 통해 수학 교육이 무엇인지 어렴풋하게나마 이해하게 되었고, 수학자로서 한층 성숙해지는 계기를 가질 수 있었다. 또한 그의 딸을 보면서 그의 교육론이 실제로 어떻게 적용되는지도 확인할 수 있었다.

전평국 교수가 수학 교육 연구에 한창 몰두해 있을 무렵 딸이 태어났다. 타고난 교육자이자 교육학자인 그가 딸의 성장 과정을 가벼이 지나쳤을 리 없다. 딸아이에게 던진 말 한마디, 질문 하나가 모두 치밀한 계산과 설계를 거친 것이었다고 해도 과언이 아니다. 그의 딸은 어릴 때부터 우수하고 비범한 모습을 보여 주었고, 미국 최고의 명문으로 꼽히는 MIT에 입학해 공학자가 되었으니 아마도 그가 딸을 대상으로 했던 기나긴 '수학적 실험'은 크게 성공한 것 같다.

이 책은 전평국 교수가 자신의 딸에게 어떤 자극을 주었고, 어떤 환경을 만들어 주었는지 진솔하게 재연한다. 무엇보다 좋은 점은 그의 교육 방법이 결코 어렵지 않다는 것이다. 교육적 의도는 치밀하되 방법은 지극히 상식적이고 손쉽다. 이 책을 읽는 누구라도 '이 정도는 나도 따라 할 수 있을 것 같은데.'라는 자신감을 갖게 된다.

평소 그의 교육 방법을 책으로 내라고 권해 왔던 나로서는 이 책이 출판된다는 사실이 누구보다도 반갑고 기쁘다. 이 책이 수학 교육자와 학부모에게 커다란 도움이 될 것이라 확신한다. 전평국 교수의 오랜 노하우가 담긴 우물과도 같은 이 책에서 수학 교육에 관한 갈증을 풀어 줄 시원한 물 한 바가지 얻어 가기 바란다.

신현용
한국교원대학교 명예교수
전 한국수학교육학회장

조기 교육 대신 인성 교육

습관과 태도가 불러오는 큰 차이

수학적 사고력만이 수학 잘하는 길

조기 교육 대신 인성 교육

상상을 현실로 만드는 길은
의지와 노력에 있다

혼자 개척한 미국 유학길

딸아이에게서 전화가 걸려 왔다. "아빠, 저 MIT에 합격했어요!"

딸아이가 유학 가고 싶다는 뜻을 밝힌 건 중학교 2학년 때였다. 어느 날 집으로 미국의 한 사립 고등학교 입학 안내서가 배달됐다. 처음에는 미국으로 유학 간 제자가 보낸 거라고 생각했다. 그런데 신청인을 보니 딸아이의 영어 이름이 적혀 있는 게 아닌가.

딸아이는 우편물을 보자마자 반색을 했다. "어? 진짜 왔네요. 혹시나 했는데……." 역시 딸아이가 신청한 것이었다. 입학 안내서를 신청한 이유를 물었더니 진지한 얼굴로 고등학교는 청주에서 다니지 않을 거라고 했다. 어느 정도 짐작했으면서도 확인하듯 "그럼 어디로 가려고?" 하고 물었다. 아무 말이 없었다. "미국으로 갈 거야?" 하고 물었더니 그제야 딸은 고개를 들고 내 얼굴을 바라보았다.

딸아이는 내가 미국에서 유학하던 시절 태어나 만 2세 무렵 한국에 왔다. 그러다 딸아이가 초등학교 4학년 때, 내가 연구 교수로 파견되어 다시 1년 정도 함께 미국 생활을 했다. 처음에는 미국 초등학교 생활에 적응을 못해 애를 먹었는데, 귀국할 즈음에는 한국에 돌아가지 않겠다고 고집을 부렸다. 학교생활에 막 재미를 붙이기 시작했던 터라 그랬던 것 같다. 좋아하던 여러 특별활동도 포기하기 싫었을 것이다. 딸아이를 설득하기 위해, 정 아쉬우면 고등학교 때 다시 미국으로 가게 해 주겠다고 약속을 했다. 아이는 아마도 그 말을 잊지 않았던 모양이다.

그날 밤, 우리 부부는 잠을 이룰 수 없었다. 아직 어린 줄만 알았는데 미래에 대한 구체적인 계획까지 세우고 있다는 게 대견했고, 딸아이의 희망을 실현해 줄 수 있을까 하는 생각에 마음이 무거워지기도 했다. 아내는 딸아이가 원하면 대학이나 대학원은 미국으로 보낼 생각이었다. 나 역시 아이가 홍정욱의 미국 유학 생활을 담은 《7막 7장》을 반복해서 읽을 때부터 어느 정도 '마음의 준비'는 해 두었다. 딸아이는 홍정욱이 중학교 때 미국으로 유학을 떠나 하버드대학교를 우수한 성적으로 졸업하고 헤럴드미디어의 CEO가 된 것처럼, 자기도 유학을 가서 보다 넓은 세상을 경험하고 싶다고 수시로 말하곤 했다. 그건 단순하고 철없는, 유학에 대한 막연한 동경에서 나온 소리가 아니었다. 미국에서 이미 1년 정도 학교생활을 경험한 터라 구체적이고 현실적으로 유학의 꿈을 키워 왔던 게 분명했다.

그런데도 그날 딸아이의 '유학 선언'을 마주한 우리 부부는 당황할 수밖에 없었다. 딸아이 입에서 '유학'이라는 소리가 나오려면 적어도 3, 4년은 더 있어야 할 줄 알았다. 이런저런 이야기 끝에 아내가 한숨을 쉬며 아무래도 안 되겠다고 말했다. 아직은 영어 실력도 부족하고, 무엇보다도 너무 어리다는 게 이유였다. 아내가 막상 반대를 하고 나서자, 실망할 딸아이의 얼굴이 눈앞에 어른거렸다. 딸아이와 한 약속도 마음에 걸렸다. 나 역시 아내와 같은 마음이 없진 않았지만 딸의 결정을 존중하고 지지해 주고 싶었다. "여보, 지금까지 아이와 한 약속은 꼭 지켜 왔잖아. 고등학교 때 미국으로 보내 주겠다고 약속했으니, 지켜야지."

미국 유학은 그렇게 결정되었다. 딸아이는 뛸 듯이 기뻐하며 곧바로 유학 준비에 들어갔다. 우선 그해 7월 중순에 혼자 미국으로 건너가 서머스쿨에서 5주간 수업을 들었다. 초등학교 4학년 때 어느 정도 영어를 익히긴 했지만, 고등학교 수업을 무리 없이 들을 정도는 아니었다. 초등학교 때 영어 회화 학원에 보내 보았지만 아이가 흥미 없어 해서 금세 그만두었고, 그 이후로는 영어 일기 쓰는 것 외에는 영어 공부를 따로 한 적이 없었다. 서머스쿨부터 시작하면 영어도 익히고 현지 분위기가 어떤지 감을 잡을 수 있으니 여러모로 좋을 듯했다.

딸아이는 학교 선정부터 입학 절차 밟는 일까지 혼자 해냈다. 유학 준비도 다 공부려니 생각했기에 나 역시 그냥 내버려두었다. 꼼꼼하고 차분하게 이것저것 준비하고 챙기는 아이의 모습을 보니 미국 유학 생활도 잘 해내리라는 확신이 들기도 했다. 그러나 서머스쿨에 들어간 딸아이는 내 기대를 충족시키지 못했다. 전화를 통해 들려오는 딸아이의 목소리에는 기운이 하나도 없었다. "아빠, 여기에서 내가 영어를 제일 못하는 것 같아요."

분명 사전 테스트를 통해 상급반에 들어갔는데도 자신감이 생기지 않는 모양이었다. 아이에게는 힘내라고 말했지만 정작 나는 의기소침해졌다. 역시 유학을 보내기에는 아직 어린 걸까, 이럴 줄 알았다면 아이가 더 어렸을 때 억지로라도 영어 공부를 시켜 놓을 걸 그랬나 별별 생각이 다 들었다.

하지만 이런 걱정은 기우에 불과했다. 처음에 좀 힘들어 했던 딸아이는 얼마 지나지 않아 현지 분위기에 적응했고, 영어 실력도 놀랄 정도로 향상되었다. 5주 후 귀국한 아이의 표정은 아주 밝았다. 미국 유학에 대한 자신감으로 가득 찬 모습을 보면서 우리 부부는 그제야 한시름 놓을 수 있었다. '우리 딸 정도면 충분히 유학 생활 잘 할 수 있지.' 하고 느긋하게 생각할 여유도 생겼다.

그런데 문제가 생겼다. 유학을 결정하고 본격적으로 준비하기까지 시간을 좀 끄는 바람에 딸아이가 원하는 사립 고등학교 지원 시기를 놓친 것이다. 생각하다 못해 일단은 공립학교에 진학했다가 다시 사립학교의 문을 두드려 보기로 했다.

마침내 중학교 3학년 여름, 딸아이는 아내와 함께 미국 유학길에 올랐다. 아내 말로는 미국에 도착하는 순간부터 딸아이의 '대활약'이 시작되었다고 한다. 전화와 가스 신청부터 엄마의 미국 운전면허증 발급에 이르기까지 모든 걸 알아서 척척 해냈다는 것이다. 아내가 한 일이라고는 하루 세 끼 식사를 차려 주는 것밖에 없었으니, 보호자라고 하기가 머쓱할 정도였다고 한다.

학교생활도 별 어려움 없이 잘 해냈다. 영어 때문에 곤란을 겪을까 봐 걱정했는데, 서머스쿨 덕분인지 전혀 문제가 없었다. 미국 친구들과도 금세 친해졌다. 사실 아내는 딸아이가 외톨이가 되면 어쩌나 걱정이 이만저만이 아니었다. 미국이라는 낯선 환경에 유색인종에 대한 편견까지 더해지면 가뜩이나 예민한 사춘기 아이가 견디기는 분명 힘들 테니 말이다. 그런데 딸아이는 한국에서와 다름없이 친구들과 잘 지냈고 곧 단짝 친구까지 만들었다. 어려운 일이 있으면 친구들에게 당당하게 도움을 청했고, 친구들도 호의를 갖고 도와주었다고 한다. 딸아이의 자존심과 당당함 그리고 먼저 다가가는 적극적인 성격이 교우 관계에도 긍정적으로 작용했던 것 같다.

학교생활에 제법 익숙해지자, 본격적으로 사립 고등학교 지원을 준비했다. 그런데 이번에는 예상치 못한 또 다른 문제가 기다리고 있었다. 바로 수업료였다. 사립 고등학교의 1년 수업료가 자그마치 2만 8000달러에 이르렀다. 당시 환율이 1600원 정도였으니 우리 돈으로 약 4500만 원 정도가 필요했다. 유학을 보내면서 수업료도 알아보지 않았으니 지금 생각하면 참 어처구니없는 일이다. 솔직히 말해 사립 고등학교 수업료가 그렇게 비쌀 줄은 상상도 못했고, 으레 우리 형편에서 부담할 수 있는 수준이려니 하고 안이하게 생각했던 것이다.

그런데 이 정도 액수라면 곤란했다. 부모로서 면목 없는 일이었지만, 유학을 포기하자고 할 수밖에 없었다. 하지만 딸아이는 쉽게 물러서지 않았다. 1년만 수업료를 대 주면 이후부터는 장학금을 받아서 다니겠다고 했다. 누굴 원망하랴. 애초부터 쉽게 포기하지 않는 사람이 되라고 가르친 건 나였으니. 아이보다 먼저 포기할 생각을 했던 내 자신이 부끄러웠다. 아이가 포기하지 않는 이상 나 역시 그래야 했다. 아이를 끝까지 믿어 보기로 했다.

허락을 받아 내자마자 딸아이는 적당한 사립 고등학교를 물색하기 시작했다. 그러다가 마침내 보스턴에서 그리 멀지 않은 노스필드마운트허먼스쿨이라는 명문 사립 고등학교를 찾아냈다. 아이비리그 진학률이 높은 곳이었다. 학교에서도 딸아이의 입학을 허락했다. 꼼꼼하게 작성한 자기 소개서와 공립학교에서의 우수한 성적 덕분이었다. 게다가 딸아이의 성적이면 장학금도 충분히 받을 수 있다고 했다. 아이는 11학년(고등학교 2학년)부터 수업료와 기숙사비의 거의 전액에 달하는 장학금을 받고 학교에 다닐 수 있게 되었다. 수업료가

없어 유학을 포기할 뻔했던 일은 말 그대로 '즐거운 해프닝'
이 되었다.

공립학교를 다닐 때와는 달리 딸아이는 긴장했다. 우수한
아이들이 많이 모인다는 학교니 그럴 만도 했다. 미국 기숙학
교에는 '페어런츠 데이'라는 게 있어서 부모가 자녀의 기숙사
를 돌아보고 수업에도 참관한다. 이날 딸아이를 만난 나는 가
슴이 뭉클해졌다. 딸아이의 방 벽에는 일과표와 공부 계획표
가 빼곡하게 붙어 있었다. 1분 1초도 허투루 쓰지 않고 공부
에만 전념하려는 딸의 의지가 생생하게 전해졌다. 꼼꼼하게
기록된 노트와 손때 묻은 교과서는 아이가 얼마나 치열하게
생활하고 있는지 보여 주었다. 가장 좋은 환경에서 최상의 지
원을 받으며 공부하는 미국 아이들 틈에서, 뒤처지지 않기 위
해 정말 최선을 다하고 있었다.

그로부터 1년 후, 딸아이는 새 학교에 완전히 적응했다. 하
루하루 신나고 즐거워하는 모습이 물 만난 고기 같았다. 오케
스트라, 아이스하키, 필드하키, 수학 클럽, 장대높이뛰기, 봉
사 활동 등 한국에서는 여건이 되지 않아 못 했던 여러 특별
활동을 정규 수업 시간에 원 없이 할 기회가 주어졌으니, 딸
아이가 얼마나 기뻐했을지 상상이 간다.

딸아이는 공부도 특별활동도 후회가 남지 않을 만큼 치열
하게 하면서 사립 고등학교에서의 2년을 꿈처럼 보냈다. 그
리고 졸업할 즈음 그토록 원했던 MIT 입학 허가서를 손에 쥘
수 있었다.

나는 딸아이가 자랑스러웠다. 내 아이가 MIT에 합격해서가 아니라 유학을 가고 싶다는 희망을 현실로 바꾼 도전 정신이 자랑스러웠다. 유학을 떠난 그 순간부터 뭐든 스스로 알아서 했던 자립심과 목표를 이루기까지 흘렸을 딸아이의 땀과 눈물이 자랑스러웠다.

나는 아이가 어릴 때부터 남과 더불어 살라고, 다른 사람을 배려하고 이해할 줄 아는 사람이 되라고 가르쳤다. 그리고 힘들고 어려운 일이 생길 때면 스스로 해결하도록 했다. 내가 다른 부모들에게 도움을 줄 수 있다면, 그것은 조기 유학이나 MIT 입학에 관한 게 아니라 바로 이런 부분이라고 생각한다. 우선 아이의 인성부터 잘 다듬어 주어야 한다. 재주나 머리는 인성이 갖추어지면 부록처럼 따라오게 마련이다. 반면 인성이 뒷받침되지 않으면 아무리 재주가 좋고 머리가 뛰어나도 오래가지 못한다.

내가 다른 부모들에게 줄 수 있는 또 한 가지 도움은 바로 수학 교육과 관련된 것이다. 우리 아이가 수학과 과학에 재능을 보이는 것이나, MIT에서 기계공학을 전공하게 된 것은 일찍부터 수학적 환경을 만들어 주었기 때문이라고 생각한다. 내가 말하는 '수학적 환경'은 조기 교육, 보습 학원, 고액 과외, 학습지 등과는 전혀 상관이 없다. 호기심을 품고 질문을 떠올리게 하며 스스로 해결하도록 격려하는 것, 즉 수학적 사고력을 키워 줄 수 있는 환경을 가리킨다.

아이 키우기 어려운 시대라는 이야기를 많이 한다. 돈 없이는 아이를 제대로 가르칠 수 없다고도 한다. 하지만 아이를 키워 보니 꼭 그런 것만은 아니었다. 부모에게 소신과 열의만 있으면 돈이 있든 없든 아이를 엘리트로 키워 낼 수 있다. 내가 아이를 키우면서 갖게 된 소신과 열의를 함께 나눌 수 있었으면 좋겠다.

사랑하기 때문에
온실 밖에서 강하게 길렀다

딸아이가 막 미국에 도착하여 공립학교 9학년(중학교 3학년)에 다니고 있을 때의 이야기다. 딸아이를 돌봐 주기 위해 함께 미국 생활을 시작한 아내가 그만 화상을 입고 말았다. 당시 아내와 딸아이는 로스앤젤레스의 한 아파트에 살고 있었는데, 욕실 보일러가 터지면서 뜨거운 물이 쏟아져 나와 아내를 덮쳤다. 다행히 크게 다치지는 않았지만, 미국 생활을 시작하자마자 당한 사고라 딸아이와 아내는 크게 놀랄 수밖에 없었다.

그런데 그 사건은 아내가 딸아이를 다시 보는 계기가 되었다. 딸아이는 응급실로 가는 다급한 와중에도 아내의 여행자 보험증을 잊지 않았고, 병원에 도착하자마자 한국의 보험회

26

사로 전화하여 치료비 문제를 신속하게 처리했다. 열다섯 살짜리답지 않게 상당히 침착하고 빠른 대응이었다. 낯선 미국 땅이었다는 걸 생각하면 더욱 그렇다.

감탄할 만한 일은 계속 이어졌다. 아내와 딸아이가 살던 아파트는 전문 관리 업체가 따로 있었는데, 아내가 사고를 당한 지 2주가 다 되어 가도록 관리 업체는 얼굴 한번 비치지 않았다. 불합리한 대우였지만 아내는 어떻게 대처해야 할지 몰라 그냥 있었는데 딸아이는 달랐다. 유색인종이라고 우습게 보는 모양이라며 관리 업체에 매일 항의 전화를 걸었다. 관리 업체는 담당자가 자리를 비웠다면서 상대도 해 주지 않았다. 그래도 포기하지 않고, 하루도 빠짐없이 전화를 걸어 담당자를 바꿔 달라고 하자 마침내 관리 업체가 두 손을 들었다. 관리 업체 직원은 아이에게 나이를 물었다. 열다섯이라는 대답이 돌아오자 대단하다고 혀를 내두르면서 "담당자가 내일 오전에 전화할 거예요. 원하는 걸 들어줄 테니 담당자에게 요구 사항을 말하세요."라고 했다. 하지만 딸아이는 "우리 엄마가 영어에 서투르니 내가 학교에서 돌아오는 3시 30분 이후에 전화하라고 하세요." 하고 당당히 요구했다. 결국 관리 업체로부터 6800달러(당시로는 1000만 원이 넘는 돈)의 보상금을 받아 낼 수 있었다. 그 아파트에 머무는 동안 집세 걱정은 안 해도 될 만한 액수였다.

이런 일도 있었다. 사립 고등학교 기숙사에 들어가기 전까지 아이를 돌봐 주려면 아내의 비자를 연장해야만 했다. 대부분은 120달러에서 300달러 사이의 수임료를 내고 변호사에게 맡기는데, 딸아이가 왜 돈을 들이냐면서 직접 하겠다고 나섰다. 딸은 이민국에 전화를 걸어 문의한 다음, 이민국에서 요구하는 사항을 빠짐없이 상세하게 기록하여 제출했다. 결국 딸아이는 혼자서 아내의 비자를 연장시키는 데 성공했다. 품고 있기엔 너무나 씩씩하게 커 버린 딸을 지켜보면서 우리 부부는, 아이가 학교에서 받아오는 점수보다 이런 강하고 현명한 모습이 더욱 대견스러웠다.

'응석받이 외동딸'로 불리는 건 절대 사양

딸아이는 어딜 가나 형제 여럿 있는 집의 맏딸 같다는 소리를 듣는다. 행동이 어른스럽고, 무엇이든 알아서 잘 해내기 때문인 것 같다. 하지만 사실 아이는 외동딸이다. 그것도 내가 마흔셋이라는 나이에 본 외동딸이다. 딸이 귀한 집안에서 뒤늦게 본 딸인 데다, 나이 차가 가장 적은 사촌과도 15년 이상 차이가 나니, 집안에서는 그야말로 공주님이었다.

하지만 아내와 나는 딸아이를 '응석받이 외동딸'로 키울 생각은 전혀 없었다. 사실 늦게 본 외동딸이 부모 품에서만 자랄까 봐 걱정이 이만저만이 아니었다. '아무리 귀한 딸이어도 그렇지, 어떻게 아이를 저렇게 응석받이로 키웠어?' 하는 소리만큼은 절대 듣고 싶지 않았다. 그래서 여러 사람과 어울리거나 부모를 떠나 자립심을 키울 기회가 있으면 결코 놓치지 않았다. 어릴 때부터 공원이나 교회에 데리고 다니며 여러 사람과 접촉하게 했고, 초등학교 때부터는 집을 떠나 걸스카우트 캠프에 따라다니게 했다. 위험하다 싶은 운동도 아이가 원하면 그냥 하게 해 주었다. 겁 많고 응석 심한 아이로 자라느니, 조금 다치더라도 용감하고 씩씩하게 크는 게 낫다고 생각했기 때문이다. 아이의 숙제를 대신 해 주는 건 있을 수 없는 일이었다. 모르는 부분이 있더라도 참고서 등을 찾아 가며 혼자 해결하도록 격려했다. 방 청소나 실내화 빨기, 준비물 챙기기도 반드시 아이 손으로 하게 했다.

옛날 어른들은 귀한 자식에게 오히려 '개똥이'라는 천한 이름을 붙여 주었다. 유난스럽고 귀하게 키우면 남의 질투를 사거나 이목을 끌어 아이에게 좋을 게 없다고 생각했기 때문이다. 옛 어른들의 현명함을 배워야 한다. 부모가 없으면 밥 한 끼도 못 챙겨 먹고, 숙제나 공부는 당연히 부모가 봐 주어야 한다고 생각하는 아이들, 조금만 힘들어도 쉽게 포기해 버리고, 부모의 품이 세상의 전부인 줄 아는 아이들 뒤에는 아이를 왕자나 공주처럼 떠받드는 부모들이 있다.

나는 지금도 딸아이에게 처음으로 자전거를 태웠던 날을 기억한다. 넘어져서 크게 다치기라도 하면 어쩌나 걱정이 되었지만, 아이 앞에서 내색할 수는 없었다. 오히려 "넘어지지 않고는 자전거를 배울 수 없어. 많이 넘어지고 다치기도 해야 배울 수 있는 거야." 하면서 넘어져도 울지 않겠다는 다짐을 받아 냈다. 약속대로 아이는 자전거를 배우는 동안 단 한

번도 울지 않았다. 넘어져 무릎이 까지고 팔꿈치에 멍이 드는 일이 있어도 이를 악물고 울음을 참으려고 애썼다.

그때 이런 생각을 했던 것 같다. 아이를 사랑한다고 품에만 안고 있을 수 없는 게 부모의 운명이구나, 때로는 아이가 넘어지고 구르고 다치고 아파하는 걸 보아야 하지만 그때마다 달려가 안아 줘서는 안 되는 게 부모구나.

부모가 언제까지나 아이의 자전거 뒤를 따라다닐 수는 없다. 자전거를 밀던 손을 슬며시 떼고는 가슴을 졸이며 아이의 뒷모습을 바라보는 것, 부모의 역할은 바로 여기까지다. 그다음부터는 아이가 혼자 해야 한다. 비탈길이든 자갈길이든, 중심을 잘 잡든 못 잡든 결국 자전거 안장에 앉아 운전을 해야 하는 사람은 부모가 아니라 아이니까.

자립심 강한 아이로 기르려면
부모부터 두려움을 극복하라

아이의 새로운 도전을 두려워하지 마라

부모의 노파심과는 달리, 아이는 도전을 두려워하지 않는
다. 실패하고 좌절하면 좀 어떤가. 그런 경험을 하는 것도 아
이들에게는 훌륭한 공부다. 아이가 원한다면 도전할 기회를
주어야 한다. 물론 아이가 위험한 일에 도전하려 한다면 보다
신중해야 할 것이다. 하지만 무조건 못 하게 하는 것보다는
안전한 방법을 찾아 주자. 인라인스케이트를 타고 싶어 한다
면 헬멧과 보호대를 꼭 착용하게 하고 안전한 장소를 물색해
주어라. "위험해서 안 돼!" "어려워서 못 할 거야."라는 부정적
인 말만 하다 보면 결국 아무것도 안 하거나 못하는 아이로
자라게 된다.

아이가 원할 때만 도와줘라

내가 미국에서 공부하던 시절의 일이다. 산책 삼아 공원을 찾았는데, 대여섯 살가량의 아이가 나무에 오르려고 안간힘을 쓰는 모습이 눈에 띄었다. 아이는 얼굴이 새빨개지도록 애를 쓰고 있었다. 아이의 아빠가 "도와줄까?" 하고 물었지만 아이는 고개를 저었다. 그러자 아이의 아빠는 정말 아무런 도움도 주지 않고 곁에서 지켜보기만 했다.

한국의 부모 같았으면 어땠을까. "도와줄까?" 하고 묻지도 않고 단번에 아이를 안아 나무 위에 올려 주었을지 모른다. "위험해! 당장 내려와!" 하고 만류나 안 하면 다행이다.

아이의 감정을 부모가 앞서 표현하지 마라

아이가 신나게 달려가다 돌부리에 걸려 넘어지면 대부분의 부모는 부리나케 달려가 아이를 안아 일으켜 세우고는 "많이 아프지?"라고 말한다. 또는 아이를 울지 못하게 할 요량으로 "괜찮아. 하나도 안 아파. 그렇지?"라고 말하기도 한다. 아프고 안 아프고는 아이의 느낌이니 부모가 아이의 감정이나 느낌까지 통제하려 해서는 안 된다. 자기 느낌도 마음대로 표현하지 못하는 아이가 무언들 혼자 할 수 있겠는가. 자신의 감정을 적절하게 표현할 기회를 주는 것도 자립심을 키워 주는 하나의 방법이다.

실패도 힘이 된다

사람들은 우리 아이가 지금까지 승승장구해 왔다고 생각한다. 초등학생 때부터 늘 우등생이었고, 유학을 떠나서도 좋은 성적을 유지하다가 MIT까지 들어갔으니, 실패의 경험이 있겠느냐는 것이다. 하지만 아이에게도 위기는 있었다.

내가 미국의 대학에 연구 교수로 파견되어, 온 가족이 미국에서 1년 정도 생활할 때였다. 당시 초등학교 4학년이었던 아이의 영어 실력은 'baby' 'girl'과 같은 기본적인 단어를 겨우 알아듣는 수준에 불과했다. 이런 실력으로 학교생활을 잘할 수 있을까 걱정도 되었지만, 나는 딸아이를 믿었다. 어릴수록 언어를 빨리 습득할 것이라는 막연한 기대가 있었다. 그러나 그것은 오산이었다. 딸아이는 미국에서의 학교생활에

34

적응하지 못했다. 한국에서는 공부도 꽤 잘했고 친구들 사이에서 인기도 있었지만, 미국에서는 영어를 하지 못해 그야말로 투명 인간 취급을 당했다. 공부를 따라잡기는커녕 친구 한명 사귀기도 힘들었다.

언젠가부터 등교 시간만 되면 머리가 아프다거나 배가 아프다고 했다. 딸아이의 두통과 복통은 금요일 오후면 멀쩡해졌다가 월요일 아침에 다시 시작되었다. 등교 스트레스가 극에 달했다는 신호였다. 걱정이 된 나머지, 아이의 담임 선생님을 찾아가 상담을 했다. 담임 선생님은 걱정하지 않아도 된다는 말만 되풀이했다. 딸아이가 영어는 잘 못해도 눈치가 빠르고 직감이 발달하여 의사소통에 큰 지장이 없다는 것이었다. 딸아이의 영어 공부에 신경을 써 달라고 부탁하자 선생님은 모든 수업이 영어로 진행되니 그럴 필요는 없다고 딱 잘라말했다. 모국에서 초등학교를 다니다 미국 학교로 오게 되는경우, 누구나 힘들어하지만 6개월이 지나면 다들 적응한다고했다. 선생님은 우리 아이도 틀림없이 6개월 안에 좋아질 테니 두고 보라는 말까지 덧붙였다.

시간은 더디고 힘들게 갔다. 딸아이는 학교에 갈 시간이면여전히 머리나 배가 아프다고 했고, 설상가상 반에서 가장 덩치 큰 남자아이가 괴롭히기까지 하는 눈치였다. 나보다 먼저미국에 와 있던 한 교수는 정해진 1년을 채우지 못하고 귀국을 했다. 아들이 학교생활에 적응을 못했기 때문이었다. 나도이쯤에서 귀국을 해야 하나, 멀쩡한 아이 데리고 와 괜히 바보 만드는 거 아닌가, 별생각이 다 들었다.

그러던 어느 날, 학교에서 돌아온 아이가 종이 한 장을 내밀었다. 오케스트라 활동 신청서였다. 선생님이 하시는 말씀 중에 '오케스트라'라는 단어와 악기 이름 몇 개가 들리기에 무작정 손을 들고 종이를 받아 왔다는 것이다. 오케스트라 단원으로 활동하고 싶으면 신청하라는 내용이 적혀 있다고 말해 줬더니, 옆에서 듣고 있던 아내가 딸아이에게 바이올린을 권했다. 하지만 아이는 고개를 저었다. 자기는 첼로가 하고 싶다는 것이었다. 왜냐고 물었더니 대답이 걸작이었다. "바이올린은 잘하는 애들이 많을 거 아니야. 하지만 첼로는 악기가 커서 어릴 때부터 배운 애가 별로 없을 테니까, 지금 시작해도 다른 애들보다 잘할 수 있어."

나는 이 말을 듣고 귀국을 앞당기지 않아도 되겠다고 결론 내렸다. 딸아이에게 소위 '위기관리 능력'이라는 게 있다고 생각되었기 때문이다. 딸아이는 친구들이 더 이상 자신을 얕잡아 보지 못하게 하려면 자신의 능력을 보여 줄 필요가 있다고 판단한 것이다. 그리고 딸의 예상은 보기 좋게 적중했다.

실패를 극복한 경험이 거듭된 성공보다 소중하다

오케스트라 활동을 시작하면서 딸아이의 학교생활은 180도 달라졌다. 첼로를 열심히 연주하여 친구들에게 주목을 받았고, 수학 문제 풀기나 종이접기처럼 영어 실력과 비교적 관

련이 없는 분야에서 점점 두각을 드러냈다. 딸아이는 자신을
유난히 괴롭히던 덩치 큰 남자아이에게 따끔하게 한마디 해
주었다고 한다. "아이 태권도 블랙 벨트!" 문법에 전혀 맞지
않는 말이었지만, 남자아이는 그 말이 무얼 의미하는지 금세
알아챘다. 며칠 후에는 도복을 입고 등교하여 반 아이들 앞에
서 태권도 시범을 보여 줌으로써 쐐기를 박았다. 그 이후로는
아무도 딸아이를 괴롭히지 않았다. 수업이 없을 때면 수영,
농구 심지어 축구에 이르기까지 친구들과 어울려 열심히 했
다. 원래 운동을 좋아했으니 그리 놀랄 일도 아니었다. 어울
리는 친구들의 숫자가 점차 많아지는가 싶더니, 놀라운 일이
벌어졌다. 영어 실력이 폭발적으로 늘기 시작한 것이다.

담임 선생님이 장담한 대로, 딸아이는 학교생활에 성공적
으로 적응했다. 그뿐 아니라 4학년을 마칠 즈음에는 생각지
도 못한 대통령상까지 받았다. 당시 대통령이었던 빌 클린턴
의 사인이 새겨져 있었는데도 우리 부부는 그것이 얼마나 큰
상인지 미처 몰랐다. 대통령상은 전교생 중에서 가장 우수한
학생에게만 주는 상이라고 했다. 대개 5학년이 받는데 이번
에는 예외적으로 우리 아이가 받게 되었다는 선생님의 축하
인사를 받고서야 그 상의 위상을 느낄 수 있었다.

초등학교 4학년 때 미국으로 건너가기 전까지만 해도 딸
아이는 주변에서 늘 똑똑하다는 칭찬을 들으며 자랐다. 그런
아이였으니 미국에서의 첫 6개월은 악몽 같았을 것이다. 하
지만 딸은 그때의 경험이 자신을 단단하고 튼튼한 나무로 자

라게 하는 거름이 되었다고 지금도 말한다. 아이는 이 경험을 통해 자신이 어디에서든 빼어난 사람으로 대우받을 수 있을 거라는 자만심을 버렸고, 노력하면 어려움을 극복할 수 있다는 자신감도 얻었다. 미국 사립 고등학교와 MIT에 입학할 당시에도 이때의 경험을 떠올리며 마음을 다독였다고 했다. 주변 친구들을 보며 이런 수재들 틈에서 과연 잘해 나갈 수 있을까 하고 긴장과 두려움을 느꼈지만, 어려움을 이겨 나가는 자신의 저력을 믿자고 스스로를 독려했던 것이다.

사람을 강하게 만드는 것은 거듭된 성공이 아니라, 실패를 극복한 경험이다. 실패를 경험한 사람은 성공만 거듭해 온 사람과 달리 쉽사리 좌절하거나 포기하지 않으며 성공이 얼마나 소중한 것인지 잘 안다. 실패를 너무 두려워해서는 안 된다. 해마다 수능이 끝나고 나면 성적을 비관한 수험생이 자신의 소중한 생명을 버렸다는 소식이 들려온다. 전교에서 내로라하는 성적을 자랑하던 아이들이 단 한 번의 실패를 견디지 못해 목숨을 저버린다. 실패를 통해 무언가를 배울 수 있다는 걸, 깨쳐 봐야 이길 수 있다는 걸 몰랐기 때문이다.

실패도 힘이 된다. 실패 한두 번쯤 하면 어떤가. 실패 몇 번 한다고 인생 전체가 실패로 돌아가는 건 아니다. 실패는 성공하기 위해 치러야 하는 수업료와 같은 것이다. 실패를 통해 무언가를 배우고, 실패를 극복해 본 경험이 있는 아이라면 성공을 향한 길도 그만큼 단단하게 닦아 가고 있는 셈이다.

실패를 통해 배우는 아이, 부모에 달렸다

부모가 아이의 전진기지가 되어야 한다

아동 발달 전문가들은 부모와의 애착이 잘 형성된 아이가 호기심도 강하고 영리하다고 말한다. 부모가 자기를 지켜 주고 보호해 줄 거라는 믿음이 있어야 적극적으로 세상을 탐색할 용기를 낼 수 있다는 이야기다. 반면 부모가 자신을 돌봐 줄 것이라고 확신하지 못하는 아이들은 언제나 위축되고 방어적인 자세를 취하게 되는데, 이런 경향은 다 자란 뒤에도 지속된다.

부모는 세상이라는 전쟁터에 나가 싸우는 아이를 위한 안전하고 든든한 전진기지가 되어야 한다. 부모가 아이를 지지하고 격려하면 아이는 도전과 실패를 두려워하지 않게 된다. 실패하더라도 부모에게 격려받고 다시 도전한다. 아이가 실패를 극복하는 힘은 부모의 믿음과 사랑에서 나온다.

또래와 어울릴 기회를 많이 준다

아이들은 또래 또는 형제와 끊임없이 경쟁하며 자란다. 항상 이기는 아이는 없다. 때로는 지기도 하고 좌절감을 맛보기도 한다. 이런 실패는 아이 인생에 큰 타격을 줄 정도로 심각한 것은 아니다. 대부분 스스로 실패를 딛고 일어설 수 있다.

또래와 어울릴 기회가 없었던 아이들은 사소한 실패와 스트레스를 딛고 일어서는 방법을 알지 못하기 때문에 사회에서 경험하는 실패에 내성을 기를 수 없다. 반면 일상에서 또래나 형제와의 경쟁을 통해 실패를 경험한 아이들은 그것을 극복하는 방법도 스스로 터득한다. 따라서 어릴 때부터 또래와 마음껏 어울리도록 하고, 문제가 생기더라도 스스로 해결할 수 있도록 기회를 주자.

아이의 자연스런 감정을 억압하지 않는다

실패했을 때 짜증이나 슬픔, 좌절감, 자신에 대한 분노 등의 감정이 생겨나는 것은 자연스러운 일이다. 흔히 '부정적'이라고 부르는 이러한 감정을 표현하지 못하도록 억압해서는 안 된다. 적절하게 표현해야 아이가 마음을 깨끗하게 비우고 다시 도전할 수 있는 용기를 충전할 수 있기 때문이다. 하지만 아이의 감정 표현이 지나치게 격렬하여 다른 사람에게 피해를 줄 정도라면 부모가 옆에서 도와줄 필요도 있다. "네가 지금 화가 단단히 났구나?" "이게 잘 안 되어서 짜증이 나나 보구나?" 하고 마음을 헤아려 주기만 해도 아이들은 금방 누그러진다.

여자라서 못 하는 건 없다

"아빠, 저 MIT에서 ROTC(학군사관)를 하고 싶어요." MIT
에서 한 학기를 보낸 딸이 이런 말을 했을 때 나는 그리 놀라
지 않았다. 아니, 예상하고 있었다고 해야 더 정확할 것이다.

딸아이는 초등학교 때부터 군인을 동경해 왔다. 여자는 왜
군대에 안 가느냐며 딱 1년만 다녀올 수 있으면 좋겠다고 말
하곤 했다. 군인들이 진흙탕에 뒹굴며 훈련하는 모습이 텔레
비전에 나올 때마다 자기도 참여해 보고 싶다며 부러워했다.
"보는 사람은 재미있을지 몰라도 실제로 훈련받는 군인들은
얼마나 힘들겠니."라고 말해 봤자 아무 소용이 없었다. 힘들
고 어려운 일이라서 오히려 도전하고 싶은 모양이었다. 운동
신경이 좋고 참을성이 강한 아이니까, 군인이 적성에 맞을 것

42

같기도 했다.

그러더니 사립 고등학교 2학년 때 드디어 일을 냈다. 한국에서 해병대 캠프가 있다는 정보를 용케 입수하고는 지원한 것이다. 나는 딸아이가 작성한 지원서를 보고는 "이건 무슨 하버드대학교 지원서 같은데……" 하고 아내에게 농담을 했다. 해병대 캠프에 꼭 참가해야 하는 이유에 대하여 너무나 꼼꼼하게 정성껏 답변했기 때문이다. 딸아이가 해병대 캠프를 얼마나 기대하고 있는지 잘 알 수 있었다. 간절히 원한 덕분에 결국 대한민국 해병대 캠프에 참가할 수 있었다. 아내는 걱정이 이만저만이 아니었다. 건강하고 끈기 있는 아이니 별일 없을 거라고, 고생이라면 질색하는 요즘 아이들에 비하면 기특하지 않냐고 아내를 다독였지만, 나 역시 걱정되기는 매한가지였다. 여자아이에게 해병대 캠프가 녹록할 리 없기 때문이다. 그런데 캠프를 다녀온 딸아이는 우리의 예상과 전혀 다른 반응을 보였다. "너무 재미있었어요. 저 겨울방학 때 또 가도 되지요?" 다행인지 불행인지 해병대 겨울 캠프는 방학 날짜와 맞지 않아 참가할 수가 없었다.

그 후 오랫동안 딸아이의 방에는 해병대 캠프에서 기념품으로 받아 온 군모와 군복이 걸려 있었다. 아이가 절대로 떼면 안 된다고 신신당부를 했기 때문이다. 그러니 ROTC를 하고 싶다고 했을 때 별로 놀라지 않을 수밖에.

우리 부부는 아이의 성별을 의식하면서 키우지 않았다. 딸이니까 예쁘고 얌전하고 다소곳하게 키워야 한다는 생각은 애초부터 없었다. "넌 여자라 안 돼."라는 말도 하지 않았다. 그런데 딱 한 번 실수를 한 적이 있었다. 아마도 아이가 초등학교 2학년 때였을 것이다. 하루는 딸아이가 태권도를 배우고 싶다고 했다. "여자애가 무슨 태권도야?" 아내는 무심코 이 말을 내뱉었다가 아차 했다고 한다. "여자애가 무슨⋯⋯." 이라는 말이 아이의 가능성과 기회를 빼앗을 수 있다는 생각이 들었기 때문이다.

그 이후로 우리 부부는 "넌 여자니까."라는 말을 해 본 적이 없다. 해병대 캠프에 가고 싶다고 했을 때도, 남자아이들과 축구를 하고 아이스하키를 배운다고 했을 때도 힘들 텐데 괜찮겠냐고만 했지, 여자애가 뭘 그런 걸 하냐고 하지는 않았다. 인형이나 소꿉놀이 세트를 사 주기도 했지만 공이나 블록도 함께 사 주었고, 여자아이다운 놀이를 하지 않는다고 꾸중한 적도 없다. 남자아이들과 흙투성이로 뛰놀아도 나무라지 않았다. 딸아이의 씩씩한 모습이 미국 부모들 사이에서 화제를 모으기도 했다. 자그마한 동양 여자아이가 저보다 머리 하나만큼 더 큰 남자아이들 틈에서 검은 머리를 휘날리며 열심히 축구공을 쫓는 모습이 인상 깊었던 모양이었다. 그래서인지 딸아이는 주변 여자 친구들이 별로 택하지 않는 기계공학을 전공하여 지금은 공학자로 일하고 있다. 남자가 할 일, 여자가 할 일이 따로 있지 않다는 걸 일상에서 자연스레 보여주었던 덕분에 아이는 두 배의 기회를 누릴 수 있었다.

44

호랑이 아빠의
늦둥이 외동딸 키우기

떼쓰는 버릇은 어려서부터 용납하지 않았다

환갑이 지나자 손주 자랑에 침이 마르는 동료들이 꽤 많아졌다. 나야 늦게 아빠가 된 데다, 딸아이가 공부 욕심이 많아 손주를 떠올리지도 못했을 때다. 그런데도 할아버지 소리를 듣는 동료들이 은근히 부러워, 길거리를 걷다가도 나도 모르게 아이들을 바라보게 되었다. 부모 옷자락을 붙잡고 떼쓰는 아이도 마냥 귀엽게 보였다.

사실 내 아이를 키울 때는 그렇지 않았다. 떼쓰는 걸 귀엽게 보기는커녕 아주 따끔하게 야단쳤다. 떼쓰는 습관을 초장부터 잡으려면 일관성을 유지하는 게 가장 중요하다. 나는 아이가 아무리 울고불고 난리를 쳐도 거기 굴복하여 'No'를 'Yes'로 바꾼 적이 없었다. 한 번 안 된다고 하면 끝까지 안 되

45

는 거였다. 아이가 떼를 부린다고 곧바로 "그래, 그래." 하고 말을 바꾸면 버릇 들이기는 이미 물 건너간 셈이다.

그다음 중요한 일은 자기 의견을 떼가 아닌 말로 표현하도록 가르치는 것이다. 딸아이가 막무가내로 무언가를 사 달라거나 해 달라고 조르면 야단을 쳤지만, 원하는 바를 차근차근 이야기하면 귀 기울여 들어 주었다. "엄마 아빠는 네가 떼를 쓰면 절대 안 들어줄 거야. 네가 의견을 차분하게 이야기하면 그 때 들어줄게." 아이는 아주 어릴 때부터 이런 말을 듣고 자라서인지, 떼쓰는 일이 거의 없었다. 대신 부모에게 자기 의견을 잘 전달하려고 노력했다. 우리 부부도 딸아이의 의견이 타당하면 요구를 들어주려고 노력했다. 물론 딸아이의 요구가 타당하지 않을 때도 많았다. "다른 애들도 다 갖고 있어요." "다른 애들도 다 한대요." 같은 이유를 댈 때면 절대 요구를 들어주지 않았다. "남들이 다 갖고 있다고 해서 너도 가져야 한다고는 생각하지 않는다. '남들이 다 갖고 있으니까.' 말고, 정말로 가져야 하는 다른 이유를 대라."라고 했다.

또한 나름대로 논리적인 이유를 댄다고 해도 "안 돼."라는 말을 곧바로 철회하는 일은 없었다. 왜 그걸 갖고 싶어 하는지 잘 알겠지만 당장은 사 줄 수 없다고 말했다. 그걸 사려면 엄마 아빠도 돈을 모아야 한다고 설명했다. 그런 다음에 돌아오는 어린이날, 다음 생일 등 언제 사 주겠다는 약속을 했다.

이런 과정을 통해 딸아이는 원하는 게 있을 경우, 떼를 쓸게 아니라 자신이 원하는 바를 정확하게 전달해야 한다는 사실을 배우게 되었을 것이다. 그리고 부모는 아이의 '봉'이 아니며, 원하는 걸 손에 쥐기 위해서는 기다리거나 대가를 지불해야 한다는 사실도 배웠을 것이다.

귀한 만큼 더 엄하게

놀이터에서 노는 아이 옆에, 김밥을 들고 서 있는 엄마들을 본 적이 있다. 아이가 노는 데 정신이 팔려 먹으려 하지 않으니까, 음식을 싸 들고 나와서는 쫓아다니며 먹이는 것이다. 우리 아이도 한때 노느라고 밥을 잘 먹지 않던 때가 있었다. 하지만 나는 아내에게 절대 쫓아다니며 먹이지 말자고 했다. 아내는 그렇게나마 아이 입에 김밥 하나라도 더 넣어 주고 싶은 눈치였지만, 내가 워낙 강경하게 반대하니 별수 없었다. 나는 식탁에 바른 자세로 앉아 가족끼리 도란도란 대화를 나누며 식사를 해야 한다고 생각하는 사람이다. 바른 식습관을 들이려면 첫 단추를 잘 끼워야 한다. 나쁜 습관은 몸에 더 잘 붙게 마련이라, 어리다고 한두 번 봐주다 보면 식습관 잡기가 더 어려워진다.

식탁에 '아이 전용 반찬'이 오르는 것도 용납하지 않았다. 하루는 아내가 소시지 반찬을 해서 딸아이 밥공기 근처로 끌어당겨 먹이는 것을 봤다. 나는 넉넉하게 만들어 다 함께 먹든지, 아니면 아예 만들지 않는 편이 좋겠다고 했다. 아내는 내가 소시지 반찬을 먹지 않으리라는 걸 알고 딸아이가 먹을 만큼만 요리했을 것이다. 하지만 딸아이는 그것을 '특별 대우'로 받아들일 수도 있었다. 나는 그게 싫었다.

요즘 아이들은 과일 한 쪽을 먹더라도 어른보다 먼저 손을 뻗어 맛있는 쪽을 냉큼 집는다. 어릴 때부터 부모가 그렇게 키웠기 때문이다. 이러다 보면 버릇없게 자라는 것은 물론이고, 더 큰 문제는 자라서 사회에서는 큰 좌절감을 맛보게 된다는 것이다. 사회에서는 더 이상 가정에서와 같은 특별 대우를 받을 수 없기 때문이다.

아이와 대화하는 데도
전략이 필요하다

딸아이는 거의 매일 집으로 전화를 했다. 특별한 용건이 있어서가 아니었다. 엄마 아빠가 멀리 떨어져 지내는 자신의 일상을 궁금해한다는 걸 잘 알기 때문이었다. 그런데 나는 딸아이의 전화를 받으면 반가우면서도 마음을 제대로 표현하기가 어려웠다. 내가 조금 무뚝뚝한 편이라 딸아이를 살갑게 대하지 못하는 것이다. 딸아이의 전화는 대부분 아내가 받는데, 어쩌다 내가 받는 날이면 "응, 그래. 별일 없지? 건강하니?" 같은 '준비된 질문'을 죽 읊어 대다가 결국 "엄마 바꿔 주랴?" 하기 일쑤였다. 아내는 확실히 나와는 다르다. 딸아이와 어찌나 재미나게 통화를 하는지, 엄마와 딸은 각별하다는 생각이 절로 들었다.

딸아이가 미국 유학 생활을 할 때 매일 걸려 오는 전화 덕분에 우리 부부는 아이가 멀리 떨어져 있다는 사실을 종종 잊었다. 오늘 점심으로 무얼 먹었는지, 수업 중에는 무슨 일이 있었는지, 하루 동안 컨디션이 어땠는지, 바로 옆에 두고 보는 듯했다.

딸아이는 유치원 때부터, 집에 돌아오면 밖에서 있었던 일들을 시시콜콜 다 늘어놓았다. 미국에서 고등학교를 다닐 때도 마찬가지였다. 학교 성교육 시간에 콘돔 사용법에 대해 배웠다면서 엄마에게 구체적으로 이야기하는 바람에 오히려 아내가 민망해서 혼이 났던 적도 있다.

되돌아보면 사춘기도 아주 조용하게 넘겼던 것 같다. 사춘기는 대개 아이가 자기 방문을 탁 걸어 잠그는 걸로 시작된다는데, 딸아이는 이런 일로 아내와 나를 서운하게 한 적이 거의 없었다. 옷을 갈아입거나 잠잘 때를 제외하고는 무엇을 하든 자기 방문을 활짝 열어 두었다. 부모와의 대화를 거부하지 않고 무슨 문제든 마음을 터놓고 이야기하고 싶어 했다. 부모로서 무엇보다도 이 점이 고마웠다.

이렇게 된 데는 아내의 역할이 컸다. 아내에게는 딸아이의 이야기를 끌어내는 아주 특별한 재주가 있다. 딸아이는 결코 수다스러운 편이 아닌데, 엄마 앞에서만큼은 종달새처럼 쉴 새 없이 말을 쏟아 낸다.

아내만의 대화 비결을 살펴보니, 자연스럽게 질문을 던지되, 시시콜콜하게 캐묻는다는 인상을 주지 않는 게 중요한 듯하다. 아내는 딸아이의 일상에 관심을 표현하는 방법으로 대화를 시도하곤 했다. 딸아이가 집에 돌아오면 "오늘 재미있었어?" 또는 "어제 아파서 결석했다던 네 짝꿍은 좀 어때?"라는 식으로 자연스레 화제를 끌어냈다. 동네 엄마들에게 학교 소식을 사전 입수하여 "오늘 학교에 이런 일이 있었다면서?" 하고 관심을 보이기도 했다.

딸아이의 속마음을 알고 싶은 경우에는 다짜고짜 "오늘 무슨 일 있었어?" 하지 않고, "기분이 안 좋아 보이는구나." 하고 말했다. 무슨 일 있었냐고 물으면 아이는 부모가 간섭하고 참견하는 것으로 여기지만, 아이의 모습을 보이는 그대로 표현하면 자신에 대한 관심이라 생각한다.

아이가 속마음을 이야기하는 동안에는 아이의 감정과 의견을 최대한 존중해 줘야 한다. 부모의 의견만 강요하거나 무조건 아이가 잘못했다는 식으로 몰아가면 아이와의 대화는 갈수록 힘들어진다. 아내는 딸아이의 이야기를 들으면서 자주 고개를 끄덕여 주고 "응, 네 마음 알 것 같다." "그래, 네 생각도 맞는 것 같구나." 하고 긍정해 주었다. 딸아이에게 잘못이 있는 경우라도 일단은 딸아이를 이해한다는 반응을 보였다. 그런 다음 "그런데 엄마 생각은……" 하고 입을 떼면 딸아이는 엄마가 자신을 충분히 이해하는 상태에서 하는 말이라고 생각하여 더 잘 받아들이곤 했다.

그렇다고 아이가 부모의 의견을 100퍼센트 수용할 것이라고 기대해서는 안 된다. 매사에 아이를 이기려 한다거나 아이는 부모의 의견을 무조건 따라야 한다고 생각하는 건 부모의 독단이다. 때로는 "네 의견이 옳을 수도 있지." 하고 대범하게 넘어가야 한다. 그래야 부모도 아이도 상처받지 않고 계속해서 대화를 이어 나갈 수 있다.

계획을 세워 접근하면
아이와 대화가 쉬워진다

아이의 일상과 관심사를 잘 알아 둬라

한 아빠가 아들과 대화할 때 아이가 즐겨 하는 게임을 예로 들었더니 귀 기울여 듣더라는 이야기를 들려주었다. 아들의 표정이 마치 '어? 우리 아빠, 완전 꽉 막히지는 않았네.' 하는 것 같더란다. 이런 걸 부모가 아이에게 져 주는 것이라고 생각할 필요는 없다. 아이와의 거리를 좁히기 위해 필요한 전략이라고 해 두자. 아이가 무엇을 좋아하는지, 어떤 데 관심을 두는지 미리 파악한 다음, 대화할 때 슬쩍 티를 내 보자. 그날은 분명 아이와 많은 대화를 나눌 수 있을 것이다.

방문 걸어 잠그기, 처음부터 용납하지 마라

기분이 좋지 않다고, 부모에게 싫은 소리 좀 들었다고 방문 걸어 잠그고 나오지 않는 건 생각보다 심각한 문제다. 방문만 잠근 게 아니라 마음의 문까지 걸어 잠갔다고 봐야 한다. 많은 부모가 아이가 방문을 닫아걸기 시작한 때부터 아이와의 대화가 뜸해졌다고 말하는 것도 이런 이유 때문이다. 아이가 방문을 탁 닫고 들어가거나 문을 잠글 때면 초기 대응이 무엇보다도 중요하다. 딸아이가 초등학교 1학년 때 아내에게 꾸중을 들은 직후 제 방문을 쾅 하고 닫은 적이 있었는데, 아내가 곧바로 따끔하게 야단을 쳤다. 방문은 소리 나게 닫는 게 아니라고, 실수로라도 그래서는 안 되고, 꾸중을 들은 직후에는 더욱 그렇다고 말이다. 이 일이 있은 뒤부터 딸아이는 방문을 여닫을 때 항상 주의를 기울이고, 공부할 때도 방문을 열어 놓는 습관을 갖게 되었다.

쑥스러울 때는 글 한 줄로 마음을 표현하자

자녀 문제를 아내한테 일임하고는 아이와 변변한 대화 한 번 나누지 못하는 아빠들이 있다. 어쩌다 대화에 끼어들고 싶어도 평소 안 하던 행동이다 보니 쑥스럽기까지 하다. 이런 아빠들에게 내가 했던 방법을 권하고 싶다. 메일이나 편지를 활용해 보자. 나는 딸아이가 힘들어한다거나 긴장하고 있다는 이야기를 아내에게 전해 들을 때면 딸아이에게 메일을 보낸다. 유학 생활의 선배이자 아빠로서 해 주고 싶었던 말들을 쓴다. 사랑하고 자랑스럽다는 말도 글로 전하면 쑥스럽지 않다. 아내 말로는 아빠의 글 한 줄이 엄마의 열 마디 말에 버금가는 효과가 있더란다. 가끔은 아이에게 "아빠는 너를 믿는다. 사랑한다."라는 메일이나 메시지로 속마음을 표현하자.

습관과 태도가 불러오는 큰 차이

아이의 저력은
집중력과 끈기에서 나온다

집중력 강한 아이 뒤에 기다리는 부모가 있다

딸아이가 만 2세 때, 그러니까 내가 미국에서 박사 학위 논문을 쓰고 있던 때의 일이다. 한창 논문 쓰기에 열중하고 있는데, 딸아이가 다가와 볼펜과 종이를 달라고 했다. 그러더니 내 곁에 자리를 잡고 앉아 제법 심각한 표정으로 뭔가 끄적거리기 시작했다.

한 시간가량 지났을까. 우연히 아이 쪽을 흘끔 쳐다보고는 깜짝 놀랐다. 한 시간 전과 변함없는 자세로 종이 위에 뭔가를 열심히 그리고 있었다. 자세히 보니, 종이 가득 물결표 '~' 모양을 채우고 있는 게 아닌가. 제 딴에는 아빠 흉내를 낸다고 글씨를 쓴 모양이었다. 마침내 마지막 줄까지 다 채우더니 "다 했다." 하면서 만족한 표정으로 웃음을 지었다. 종이를

57

살펴보니 뒷면에도 온통 같은 모양이 그려져 있었다. 한 시간 동안 꼼짝도 않고 물결 모양을 그렸던 것이다.

딸아이의 집중력과 끈기에 혀를 내두른 것은 그뿐만이 아니었다. 어느 날, 논문 심사 때문에 양복을 입고 나갔다가 돌아오니 딸아이가 신기한 듯 내 옷차림을 한참이나 쳐다보았다. 늘 티셔츠만 입고 있던 아빠가 넥타이까지 매고 있으니 그럴 만도 했다. 넥타이를 풀고 막 와이셔츠 단추를 풀려는 참이었다. "아빠, 내가 할래." 자기 손으로 단추를 풀어 보겠다고 나섰다. 이제 겨우 두 돌 된 아이가 와이셔츠 단추를 잘 풀 리 없었지만, 기회를 주기로 했다.

아이는 서툰 손짓으로 단추를 풀기 위해 안간힘을 썼다. 얼굴이 빨개지는가 싶더니 이내 땀까지 흘리기 시작했다. 나 역시 아이가 단추를 풀도록 가만히 앉아 있기가 쉽지 않았다. 하지만 번거롭고 귀찮다는 이유로 딸아이의 도전을 방해하고 싶진 않았다. 단추 푸는 요령을 가르쳐 주지도 않았다. 아이가 하는 대로 그냥 내버려 두었다. 첫 단추를 푸는 데는 시간이 꽤 걸렸지만, 점차 요령을 익혀 나갔다. 두 번째 단추는 좀 더 빨리 풀었고, 세 번째 단추를 푸는 데는 속도가 붙었다. 마침내 마지막 단추까지 모두 풀었다. 시계를 보니, 대략 30분은 걸린 것 같았다.

어릴 때부터 집중력과 끈기를 길러 주는 것은 아이의 장래를 위해서 매우 중요하다. 아인슈타인은 어릴 때 교사의 총애를 받는 학생은 아니었다고 한다. 교사의 질문에 순발력 있게 대답하지 못했고, 암기를 끔찍하게 싫어했기 때문이다. 하지만 복잡하게 뒤엉킨 문제를 오랜 시간 끈질기게 풀어내거나 집중력과 끈기를 발휘하는 것만큼은 누구보다도 탁월했다고 한다. 특히 카드로 집 쌓기 놀이에선 아인슈타인을 따라올 아이가 없었다. 다른 아이들은 기껏해야 3, 4층밖에 쌓지 못했지만, 아인슈타인은 특유의 집중력을 발휘하여 13층까지 쌓았다고 한다.

내가 겨우 두 돌짜리 아이를 두고 '이 아이는 공부든 뭐든 보통 이상은 하겠구나.' 하고 낙관할 수 있었던 것도 이런 이유 때문이다. 딸아이가 아인슈타인과 같은 영재일 것이라고는 기대하지 않았지만, 남다른 집중력과 끈기를 가졌으니 무엇을 하든 잘 해내겠다는 생각이 들었다.

딸아이의 집중력과 끈기가 순전히 타고난 것이라고는 생각하지 않는다. 어릴 때부터 제 손으로 하고 싶어 하는 일은 무조건 기회를 주었다. 더디다거나 번거롭다는 이유로 "엄마 아빠가 해 줄게."라고 말하지 않았다. 우리 부부의 이런 교육 방침이 딸아이가 무언가에 집중할 수 있게 하고, 성취감을 맛보게 했던 것 같다.

"우리 아이는 너무 참을성이 없어요. 뭐든 쉽게 포기하고 금세 싫증을 낸다니까요." 결혼하여 아이를 키우고 있는 제자들과 이런저런 이야기를 나누다 보면 아이가 집중력이 부족해 고민이라는 말들을 종종 한다. MIT에 들어간 딸을 두었으니 나에게 뭔가 특별한 비결이 있을 것이라 생각하는 모양이다. 그럴 때면 나는 아이 탓하지 말고 우선 부모부터 돌아보라고 말한다. 처음에는 절대 자신의 탓이 아니라고 억울해하던 제자들도 내 이야기를 듣고 나면 고개를 끄덕인다. 아이가 자기 힘으로 무언가를 해 보려고 할 때마다 번거롭다거나 시간이 오래 걸린다는 이유로 아이를 기다려 주지 않았다는 것이다. 집중력 강하고 끈기 있는 아이로 키우고 싶다면 아이가 끝까지 해낼 수 있도록 충분한 시간과 기회를 주어야 한다. 그리고 아이의 성취감을 함께 즐길 수 있어야 한다. 무언가를 해낸 아이의 자랑스러워하는 표정은 정말 보기 좋다. 부모가 조바심을 버리고 조금만 더 여유를 가질 수 있다면 아이의 얼굴에서 이런 표정을 훨씬 더 자주 발견할 수 있을 것이다.

집중력 없는 아이,
부모를 돌아보자

혼자서 잘 노는 아이, 방해하지 마라

아이가 뭔가 열심히 하고 있을 때는 방해 말고 그냥 내버려 두는 게 좋다. 아이 혼자 잘 놀고 있는데 왜 참견하고 방해하냐고 물어보면, 무언가에 몰두하는 모습이 귀여워서, 왠지 같이 놀아 주어야 할 것 같은 의무감이 들어서, 한 가지에만 몰두하는 게 자폐적으로 보여서 등 이유는 여러 가지다. 하지만 같이 놀아 주거나 다른 놀이를 권하는 게 무조건 좋은 것은 아니다. 아이가 부모에게 무언가를 요구하기 전까지는 아이의 놀이를 방해하지 말고 그냥 내버려 두는 것이 아이의 집중력과 끈기를 길러 주는 길이다.

흥미로워하고 능력에 맞는 과제부터 줘라

집중력과 끈기를 길러 주기 위해서는 실 꿰기나 퍼즐, 숨은그림찾기 등 정적인 놀이가 적당하다. 그러나 이런 놀이를 억지로 시키면 오히려 역효과만 가져오기 십상이다. 자신이 가장 끈기를 발휘하는 때가 언제인지 생각해 보자. 좋아하는 일, 잘할 수 있는 일을 할 때가 아니던가? 아이들도 마찬가지다. 흥미롭고 능력에 맞는 일을 할 때 집중력과 끈기를 발휘할 수 있다. 따라서 일단은 아이가 좋아하고 잘하는 일부터 시작해야 한다. 이런 일들을 통해 성취감과 자신감을 맛보는 게 우선이다. 그런 다음 점차 덜 좋아하고 익숙하지 않은 일들에 도전하도록 격려한다.

차분하고 안정적인 환경을 만들어 줘라

집 안이 어수선하고 산만하면 당연히 집중력이 떨어질 수밖에 없다. 필요한 물건은 적당한 곳에 잘 정돈해 두고, 텔레비전이나 라디오 소리 등의 소음도 없앤다. 평소 부모가 독서나 뜨개질 등 정적인 활동에 몰두하는 모습을 자주 보여 주는 것도 도움이 된다.

그렇다고 지나치게 깔끔함을 강조하는 것도 좋지 않다. 주변을 깨끗하게 유지해야 한다는 강박관념이 놀이나 학습에 몰두하는 것을 방해할 수도 있기 때문이다. 평소 집 안을 깨끗하게 정돈해 두되, 일단 아이가 무언가에 몰두하기 시작하면 방해하지 말아야 한다.

내가 선택한 유아 교육법,
신나게 놀고 또 놀기!

유아기에는 신나게 노는 게 제일이다

유아들은 노는 게 일이다. 아침에 눈떠서 잠자리에 들 때까지 하루 종일 논다. 그런데 아이들이 노는 걸 가만히 지켜보면 그냥 노는 게 아니다. 아이들은 놀이를 통해 신체 조절능력을 기르고, 말을 배우며, 인지 능력을 향상시킨다. 문제해결 능력과 자기표현 능력을 익히고, 다른 사람을 배려하는법도 배운다. 또한 스트레스와 긴장감을 해소하고, 편안함과즐거움을 얻는다. 한마디로 놀이는 아이의 몸과 마음을 건강하게 하는 명약이자, 가장 효과적인 학습 방법인 셈이다.

딸아이는 특히 공놀이를 좋아했다. 아이가 만 2세 무렵 미국에서 귀국한 뒤 서울 낙성대 근처에 살았는데, 매일 저녁아이를 낙성대 공원에 데려가 마음껏 공을 차며 놀았다. 집

안에서도 엄마랑 마주 앉아 공굴리기 놀이를 하곤 했다. 지금 생각하면 딸아이가 갖가지 운동에 뛰어난 소질을 보이는 게 공놀이 덕분인 것 같다. 실제로 공놀이는 대근육을 자극하므로 운동신경 발달에 도움이 많이 된다. 또한 눈과 손의 협응력, 공간 감각을 키우는 데도 좋다. 특히 마주 앉아 공을 굴리는 놀이는 협동심을 기르고 차례를 기다릴 줄 아는 아이로 키우는 데 효과적이다.

공놀이를 하지 않을 때는 주로 그림을 그렸다. 돌 때부터 연필이나 크레용을 손에 들고 마음껏 낙서를 했고, 만 3세 무렵부터는 물감을 사용했다. 물감을 일찍 쓰게 된 데는 그럴 만한 이유가 있었다. 하루는 아내가 아이를 데리고 친구 집에 놀러 갔는데, 딸아이보다 두세 살 많은 그 집 아이가 물감으로 그림을 그리고 있더란다. 딸아이도 붓을 들고 가세했는데, 얼마나 재미있었던지 화장실 가는 것도 잊어 바지에 실수를 했을 정도였다.

오리기도 좋아했던 놀이 가운데 하나였다. 딸아이가 만 2세 무렵, 일본 출장길에 유아용 안전 가위를 하나 사 왔다. 당시만 해도 한국에서 유아용 안전 가위를 구하기가 쉽지 않았기 때문이다. 가위를 쥐어 주니, 신이 나서 신문지며 잡지를 쓱싹쓱싹 오려 대기 시작했다. 처음에는 작은 종이부터 오려 보게 하다가, 점차 종이의 크기를 키워 갔다. 가위질에 제법 익숙해졌을 때는 곡선이나 직선을 따라 오리게 했다.

한글도 놀면서 뗐다. 딸아이가 만 4세 무렵이었던 걸로 기억한다. 아내와 나는 매주 일요일 아이를 데리고 교회에 갔는데, 설교를 듣는 동안 아이가 지루해하고 몸을 뒤척이는 바람에 언제나 마음이 불편했다. 아이를 얌전하게 하려면 뭔가 집중할 만한 과제를 주어야만 했다. 마침 아내가 좋은 아이디어를 생각해 냈다. 교회 회보 뒷면의 헌금자 명단에서 '이' 자를 찾아 동그라미 치는 모습을 보여 준 다음 "이거 해 보고 싶어? 그럼, 이거랑 똑같이 생긴 글자를 찾아서 동그라미를 쳐 보렴."이라고 말했다. 한국에 이씨가 좀 많나. 아이가 '이' 자를 다 찾아 동그라미를 치려면 시간이 꽤 걸렸다. 덕분에 아내와 나는 마음 편히 설교를 들을 수 있었다. '이'를 다 찾으면 그다음에는 '김'과 '박'의 순서로 넘어갔다. 그야말로 한국의 성씨는 다 찾게 했던 것 같다.

몇 달 후 아주 놀라운 일이 일어났다. 딸아이가 슈퍼마켓에서 김 포장지를 보고는 "저기 '김' 자가 있어요!" 하고 외친 것이다. 앉혀 놓고 가르치는 교육은 시키지 말자고 다짐했건만 아이가 글자를 알기 시작한 이 기회를 놓치기가 아까웠다. 끼고 앉아 한글을 한번 가르쳐 볼까 하는 욕심이 생겼다. 그런데 작정하고 가르치니 자꾸만 야단만 치게 되었다. 이러다 한글에 학을 떼게 만들 수도 있겠다는 생각이 들어 딱 하루 만에 그만두었다. 대신 아이 주변에 있는 글자들을 하나하나 공들여 읽어 주기 시작했다. 책은 물론이고 과자 포장지나 잡지, 간판에 적힌 글자들까지 열심히 읽어 주었다. 아이에게 읽어 보라거나 써 보라고 강요하지는 않았다.

66

한글을 익히는 데 결정적인 도움을 준 것은 카세트였다. 유아용 카세트를 사서 딸아이에게 "이건 네 거야. 다루는 법을 가르쳐 줄게." 하고는 테이프를 꽂고 재생하는 방법을 일러 주었다. 그런 다음 동화 테이프를 재생하고 동화책을 넘기면서 손가락으로 글자를 하나하나 짚으면서 보라고 가르쳐 주었다. 이런 식으로 했더니 몇 달 만에 한글을 깨쳤다. 그다음부터는 독서가 가장 좋아하는 놀이가 되었다. 하루에 엄청난 양의 책을 읽어 댔다. 우리는 책을 그때그때 낱권으로 샀는데, 아이의 책 읽는 속도를 따라가기가 힘들었다.

이렇게 놀면서도 한글을 뗄 수 있을 줄 알았다면 아이를 앉혀 두고 괴롭히는 일은 없었을 것이다. 사실 부모 입장에서는 마냥 놀게만 하면 왠지 불안하고, 뭔가를 가르쳐야 '부모의 도리'를 다하는 거라는 생각이 든다. 그러다 보니 겨우 돌지난 아이 손을 붙들고 지능 향상 프로그램이니, 창의력 학원이니 하는 곳을 찾게 된다. 부모와 즐겁게 노는 게 다 지능 향상이자 창의력 개발인데, 그걸 깨닫지 못하는 것이다.

아이들은 놀면서 배운다. 아무리 훌륭한 교육 프로그램이라도 공놀이, 소꿉놀이만큼 많은 걸 가르치지는 못한다. 아이가 다 알아서 배우는데, 부모가 감 놔라 배 놔라 할 필요는 없다. 안전하게 놀 수 있는 환경을 만들어 주고 필요한 장난감을 준비해 주기만 하면 그걸로 족하다.

초등 1학년 때 잡아 준 생활 습관,
MIT 가는 밑거름

딸아이가 MIT에서 공부했다고 하면 대부분의 사람들은 이렇게 묻는다. "따님이 머리가 아주 좋은가 보죠?" 물론 사람에 따라 선천적인 능력이 있을 순 있다. 하지만 딸이 선천적으로 머리가 좋아서 MIT에 들어갔다고 생각하지는 않는다. 내가 생각하는 MIT 합격 비결은 따로 있다. 바로 후천적인 경험, 특히 바른 생활 습관과 규칙적인 생활 리듬이다.

생활 습관과 성적은 아주 밀접한 관련이 있다. 생활 습관이 바르고 규칙적이라는 것은 자기 통제력이 있고 시간 운용을 잘한다는 뜻인데, 좋은 성적을 올리려면 이 두 가지가 반드시 필요하다. 생활 리듬 역시 성적에 영향을 준다. 예측 가능하고 규칙적인 일과가 아이에게 정서적인 안정감을 주고,

68

이것이 성적 향상에도 도움을 준다. 특히 규칙적인 일과 안에서 공부 시간을 잘 안배해 주면 스스로 공부하는 습관을 들이는 데 좋다.

바른 생활 습관과 규칙적인 생활 리듬은 빠르면 유치원 때, 늦어도 초등학교 1학년 말까지는 몸에 배게 해야 한다. 그 이후에는 늦다. 딸아이는 유치원 때부터 규칙적인 생활을 하는 연습을 시작했다. 집에 돌아오면 일단 손부터 씻고 식탁에 앉아 간식을 먹도록 한 뒤, 무슨 일이 있더라도 숙제부터 시켰다. 그런 다음 이튿날 필요한 준비물을 완벽하게 챙겨 현관 옆에 갖다 놓게 했다. 숙제와 준비물 챙기기를 끝내 놓지 않으면 밖에 나가 놀 수 없었다. 이런 습관이 몸에 배어서인지, 초등학교에 들어가서도 숙제를 안 해 간다거나, 준비물을 빠뜨려 허둥지둥 집으로 전화를 하는 일이 없었다.

아이의 생활 습관과 생활 리듬은 전적으로 부모가 좌우한다. 부모가 규칙적으로 생활해야 아이의 생활 리듬도 잘 잡아줄 수 있다. 우리 부부는 취침과 기상 그리고 식사 시간이 일정한 편이다. 아이의 생활 리듬을 흐트릴까 염려되어 저녁 약속도 잘 잡지 않았다. 저녁 6시 30분까지는 집에 돌아와 아이와 함께 식탁에 앉으려고 노력했다.

규칙적인 생활을 얼마나 중요시했던지, 아내가 낮에 아이를 데리고 쇼핑하러 가는 것도 자제해 주기를 바랐다. 아이가 쇼핑을 따라가기보다 공원에서 뛰놀거나 책을 읽는 편이 시간을 귀중하게 쓰는 것이라고 생각했기 때문이다. 융통성 없는 남편을 둔 덕에 아내는 언제나 내가 집에 있는 일요일에 쇼핑을 했다. 아내가 쇼핑하는 동안 나는 딸아이와 함께 산책을 하거나 바둑, 오목, 카드놀이 등을 했다.

이런 식으로 초등학교 1, 2학년 시기를 놓치지 않고 아이의 생활 리듬을 잘 잡아 주면 그 이후부터는 아이가 알아서 한다. 딸아이 역시 초등학교 2학년이 되자 누가 시키지 않아도 무조건 숙제부터 끝냈고, 공부도 스스로 했다. 그때부터는 "공부해라. 숙제해라." 같은 잔소리를 할 필요가 없었다.

아이의 일과를 짤 때 한 가지 유의해야 할 점이 있다. 자유 시간을 반드시 넣어 주어야 한다는 것이다. 자유 시간이 공부를 하지 않는, 쉬는 시간을 의미하는 건 아니다. 말 그대로 아이가 마음대로 쓸 수 있는 자유로운 시간을 뜻한다. 어른도 하루를 정해진 일과대로 빈틈없이 생활하기 어려운데, 하물며 아이는 오죽하랴. 일과에서 벗어나 자기 마음대로 할 수 있는 시간을 주어야 비로소 숨통이 트이는 법이다. 게다가 자유 시간이야말로 시간을 잘 운용하는 연습을 하는 데 제격이다. 아이의 일과를 언제까지 부모가 챙겨 줄 수는 없다. 스스로 자신의 하루를 잘 운용하려면 우선 하루 30분에서 한 시간가량의 자유 시간부터 효율적으로 보낼 수 있어야 한다.

아이가 자유 시간을 보내는 방법이 부모의 마음에 들지 않을 수도 있다. 그래도 잔소리는 하지 않는 게 좋다. 자유 시간 내내 컴퓨터 게임만 하는 한이 있더라도 말이다. 적어도 공부할 시간에는 게임 생각을 덜 할 테니 그것만으로도 성과는 충분하다. 하지만 아이가 게임 때문에 다음 일과를 제대로 해내지 못한 경우에는 합당한 벌칙이 있어야 한다. 다음 날 자유 시간을 대폭 줄이거나 없애는 규칙 등이 적당하다.

우리 아이는 다행히도 자유 시간을 허투루 보내는 편은 아니었다. 월요일에는 책을 읽고, 화요일에는 친구를 만나고, 수요일에는 텔레비전을 본다는 식으로 꼼꼼하게 계획을 짰다. 시간을 아껴 쓰고 효율적으로 보내려는 습관이 몸에 밴 탓인지, 따분해하거나 심심해하는 경우는 거의 보지 못했다. 반대로 너무 바쁘고 시간이 없어 일을 제대로 처리하지 못했다는 소리도 들어 보지 못했다. 딸아이는 대학에 가서도 학과 공부와 미디어 랩 활동을 충실히 해냈고, 틈날 때마다 세일링, 수영, 스노보드, 첼로 연주 등을 즐겼다. 이 모든 일을 모자람 없이 해내고 있는 것은 아이에게 특별한 능력이 있어서가 아니라, 아주 어릴 때부터 합리적이고 경제적으로 시간을 계획하고, 일정을 실천에 옮기는 훈련을 했기 때문이다.

여기서 하루를 효율적으로 보내는 것은 잠을 적게 자는 것과는 아무런 상관이 없다. 잠만큼은 충분히 자는 게 좋다. '사당오락(四當五落)'도 부족해, '삼당사락(三當四落)'이라는 말도 있지만, 잠자는 시간을 줄이면 집중력과 능률이 떨어지게 마련이다. 무리하게 수면 시간을 줄이느니 깨어 있는 시간을 잘 활용하는 게 현명하다.

공부 잘하는 아이로 키우려면
생활 습관부터 고쳐 주자

우등생 중에 늦잠꾸러기는 없다

늦잠 자는 버릇을 대수롭지 않게 여겨서는 안 된다. 늦잠을 자는 아이는 아침 식사도 제대로 하기 어렵고, 준비물을 빠뜨리기 일쑤인 데다 마음도 어지러워져 수업에도 지장이 있다. 늦잠 자는 버릇은 초등학교 1학년 때를 놓치지 말고 반드시 고쳐 주어야 한다. 그러지 않으면 고등학교 3학년 때까지, 아니 어른이 되어서도 일찍 일어나기 힘들어진다.

불성실한 아이의 SOS는 과감히 무시하라

준비물을 잊었다며 부모에게 갖다 달라고 전화하는 아이들이 많다. 학교 갈 시간이 다 되어서야 숙제 안 했다고 울음을 터뜨리는 아이들도 있다. 엄마 아빠는 준비물이 없으면 수업에 지장이 있을까 봐, 숙제 안 했다고 선생님께 야단맞을까 봐, 별수 없이 준비물을 들고 학교로 달려가거나 아이 숙제를 대신 해 준다. 하지만 부모가 이런 식으로 한두 번 도와주다 보면 아이의 나쁜 버릇은 영영 안 고쳐진다. 잔소리를 하고 꾸중을 해 봐도 그때뿐이다.

그런데 아이 대신 숙제를 해 주거나 준비물을 들고 학교로 달려가는 일을 하지 않는다면? 엄마 아빠가 아닌 아이 스스로 자신의 행동에 책임지게 한다면? 아이의 생활 습관이 달라지기 시작한다. 더 이상 믿을 구석이 없기 때문이다. 아이의 생활 습관이 성실하지 못하다고 야단치지 말자. 알고 보면 부모가 아이의 뒤를 봐주기 때문이다. 자기 행동에 대한 책임은 자신이 져야 한다는 사실을 확실하게 가르쳐 놓으면 잔소리하지 않아도 자기 할 일은 자기가 알아서 한다.

일과에 공부 시간을 자연스레 안배하라

스스로 공부하는 습관을 길러 주려면 일과를 정해 규칙적으로 따르게 하되, 그 안에 공부 시간을 적절히 안배해 주는 게 좋다. 일과표대로 성실하게 따르다 보면 일정 시간 동안 공부하는 습관이 자연스레 몸에 배게 된다. 공부 시간은 아이의 집중력을 고려하여 너무 길지 않게 잡아야 한다. 공부 시간에 이어 텔레비전을 보거나 놀이터에서 노는 등 아이가 좋아하는 활동을 할 수 있는 시간을 주면 동기 부여에 좋다.

특별활동에서만큼은 극성 아빠였다

특별활동만큼은 열심히 가르치라

딸아이 말로는 MIT에 공부만 잘하는 학생은 없다고 한다. 피아노, 첼로, 스키, 승마, 글짓기 등 특기 하나쯤 안 갖고 있는 학생은 찾아보기 힘들다는 것이다. 그런데 한국에서 고등학교를 졸업하고 온 학생들은 여가를 즐기는 활동을 많이 하지 못한 것 같다고 한다. 아무래도 한국과 미국의 교육 환경과 문화에 차이가 있기 때문일 것이다. 학업에 대한 부담감이 적은 미국과는 달리, 한국은 교과목 수가 많고 수업 시간이 긴 데다, 초등학교 때부터 대학 입학을 염두에 두고 공부를 한다. 특히나 MIT에 올 정도라면 여가 활동은 고사하고, 자는 시간도 아껴 가며 공부에만 전념한 학생들이 많을 것이다.

나는 다양한 경험을 중시했기 때문에 아이에게 어릴 때부터 여러 가지 특별활동을 시켰다. 특별활동을 다양하게 시키려면 하루에 학원 두세 개는 기본이라고 생각하는 부모들도 많다. 그런데 딸아이의 경우 하루에 학원을 두 군데 이상 다녀 본 적이 없다. 피아노는 월·수, 태권도는 화·목·금, 수영은 토요일, 이런 식으로 무리 없이 일정을 짜 주었기 때문이다. 요즘에는 초등학교 저학년만 되어도 온갖 학원을 전전하다 저녁 8시나 되어야 집에 돌아올 수 있다고 한다. 특별활동을 시키는 것도 좋지만, 이 정도는 너무 심한 것 같다. 하루에 한 가지 정도 가르치는 게 가장 적당하고, 많아도 두 가지 정도에서 만족해야 한다.

딸아이가 가장 먼저 시작한 특별활동은 피아노였다. 유치원 때부터 시작해서 초등학교 6학년 때까지 배웠다. 초등학교에 입학한 후에는 걸스카우트 활동을 했는데, 중학교 3학년 때까지 꾸준히 한 덕에 한국스카우트연맹 총재상까지 받았다. 초등학교 2학년부터는 수영을 배웠다.

그해 여름에는 태권도를 시작했다. 아이가 태권도복을 입은 동네 오빠들을 너무나 부러워했기 때문이다. 태권도는 4학년 때 미국으로 건너가기 직전까지 열심히 배웠다. 앞에서도 이야기했지만, 미국 아이들 틈에서 적응하는 데 태권도가 제법 결정적인 역할을 했다. 그 때문인지 아이는 오래도록 태권도에 변함없는 애정을 보이며 방학 때면 태권도 도장에서 땀을 흘리다 오곤 했다.

스키를 타기 시작한 것도 초등학교 2학년 때였다. 아이가 스키 타는 걸 얼마나 좋아했는지, 그해부터 매년 겨울이면 스키장을 찾았다. 오죽하면 내가 "교수 박봉에 딸내미 스키 투어 뒷바라지하느라 등골이 휜다."라는 농담을 다 했을까. 첼로는 초등학교 4학년 때 미국에서 배우기 시작해 지금까지 계속하고 있다. 첼로와 함께 시작한 오케스트라 활동 역시 MIT에 들어가서도 변함없이 참여했다.

초등학교 5학년 때 귀국한 후로는 서예를 배우기도 했다. 중학교 2학년 때는 승마에 도전했다. 당시 승마를 시작하게 된 배경이 재미있다. 방학을 맞아 온 가족이 홍천에서 스키를 타고 있었는데, 그곳에서 우연히 승마 무료 강습이 있다는 정보를 입수하였다. 과천 승마장에서 승마의 대중화를 위해 열흘 동안 무료 강습을 실시한다는 것이었다. 평소 아이가 말을 좋아해 승마 강습을 시키고 싶은 마음은 있었어도 승마는 왠지 고급 스포츠 같아 엄두를 못 냈는데, 마침 무료로 가르쳐 준다니 이 좋은 기회를 놓치고 싶지 않았다. 당장 과천 승마장에 전화를 걸어 보니, 이튿날부터 선착순으로 신청을 받는다는 게 아닌가. 적어도 새벽 4시에는 도착해야 선착순 안에 무리 없이 들 수 있을 거라 생각했다. 다음 날 새벽, 졸음에 겨워하는 아이를 채근하여 차에 태우고는 과천으로 달려갔다. 그리고 가뿐하게 선착순 안에 들어 무사히 등록을 마칠 수 있었다. 그러고 보면 나는 아이의 특별활동에 있어서만큼은 극성 아빠였던 것 같다.

학교 선생님들은 우리 부부가 아이의 득별활동에 정성을

쏟는 걸 이해하지 못하는 듯했다. '특별활동 할 시간에 공부를 시키면 전교 1등도 할 수 있을 텐데.' '어쩌자고 부모와 아이가 합심해서 첼로니 승마니, 성적과 관계없는 것들만 배우러 다니는지.' 하고 염려했던 것 같다. 하지만 초등학교 때가 아니면 특별활동을 할 기회가 언제 또 오랴. 공부야 고등학교 들어가면 지겹도록 할 게 아닌가. 게다가 아이가 싫어하면 몰라도 이렇게 좋아하니 마음껏 시켜 보자는 게 내 생각이었다.

누군가는 특별활동을 시키려 해도 경제적인 부담 때문에 망설여진다고 말한다. 아이가 힘들어할까 봐 걱정이라는 사람들도 있다. 하지만 우리 아이의 경우를 돌아보면 꼭 그렇지만도 않았다. 과외나 보습 학원에 들일 시간과 비용을 특별활동으로 대신한 셈이다.

미국 사립 고등학교로 옮긴 뒤부터는 특별활동을 할 기회가 더 많아졌다. 아이가 그토록 원했던 스노보드와 아이스하키 등이 정규 과목이었으므로 원하기만 하면 언제든 배울 수 있었다. 특별활동을 하기에 그처럼 좋은 조건도 없었다. 그밖에 장대높이뛰기나 필드하키 등 여러 활동을 다양하게 경험할 수 있었다.

최근에는 한국에서도 특별활동에 대한 관심이 부쩍 높아진 것 같다. 그런데 아이가 좋아서 시키는 게 아니라, 미술이나 체육 등의 과목에서 점수를 잘 따기 위한 수단으로 가르치는 부모들이 많다고 한다. 나는 이런 특별활동은 별 의미가 없다고 본다. 특별활동은 인성 교육이라고도 할 수 있다. 다시 말해서 다양한 분야의 여러 사람들을 만나 새로운 경험과 자극을 얻고, 예술을 사랑하고 즐기고, 자기를 표현하는 법을 배우고, 인격적으로 좀 더 성숙한 사람이 되라고 가르치는 것이다. 한마디로 보다 풍요롭고 행복한 인생을 살라고 가르치는 것이다. 점수 1, 2점 더 따라고 가르친다면 보습 학원에 보내는 것과 무엇이 다르겠는가.

배우려는 욕구가 넘치는
아이로 키우는 나만의 비법

욕구는 자극하되, 배울 기회는 어렵게

"우리 아이는 피아노든 태권도든 한 달을 못 넘겨요. 금세 싫증을 내고는 안 배우겠다고 해요." 내가 딸아이에게 갖가지 특별활동을 시켰다고 하면 자기 아이 이야기를 꺼내며 비결이 뭐냐고 묻는 사람들이 많다. 글쎄, 비결이 뭘까? 나는 딸아이에게 무언가를 배우라고 강요한 적이 없다. 특별활동이든 공부든 스스로 하고 싶어서 해야지, 부모가 억지로 시킨다고 되는 게 아니기 때문이다. 뭔가를 강압적으로 가르치려 했다면 나 역시 실패했을 것이다.

비결 아닌 비결을 밝히자면, 스스로 배우고자 하는 아이로 키우는 것이 무엇보다도 중요하다. 뒤에서 자세히 설명하겠지만, 나는 시계 보는 법 하나도 무턱대고 가르친 적이 없다.

시계에 관심과 흥미를 갖게 하는 데만 성공하면 그다음부터는 아이가 스스로 알아서 배운다.

딸아이는 초등학교 때부터 아이스하키를 무척 배우고 싶어 했다. 아이스하키를 소재로 한 영화 〈마이티 덕2〉가 계기였다. 그 영화를 본 다음부터는 아이스하키를 배우고 싶다는 말을 입에 달고 살았다. 딸아이의 친한 친구가 미국 여행을 가면서 "선물 뭐 사다 줄까?" 했더니 아이스하키 스틱을 갖고 싶다고 했을 정도였다. 아이스하키 스틱을 손에 넣은 다음에는 엄마를 졸라 서울에서 퍽을 공수해 왔다. 문제는 아이스하키를 할 장소가 없다는 것이었다. 당시 청주에는 아이가 아이스하키를 할 만한 곳을 찾기 어려웠다. 아이는 그래도 포기하지 않았다. 아파트 주차장에서 인라인스케이트를 타고 달리며 아이스하키 스틱을 휘둘렀다.

유학을 간 이후로도 아이스하키에 대한 동경은 사라지지 않았다. 그곳에서도 아이스하키에 대한 책을 빌려 와 탐독했다. 사립 고등학교로 옮긴 후 아이스하키가 정규 과목이라는 사실을 확인하지 않고 아이스하키 반에 지원했고, MIT 아이스하키 클럽에서 활동하기도 했다.

나는 이 이야기 속에, 배우고자 하는 욕구가 어디에서 나오는지, 그 해답이 들어 있다고 생각한다. 누구도 아이에게 아이스하키를 강요하지 않았다. 아이 스스로 배우고자 했다는 데 주목해야 한다. 아이는 아이스하키에 대한 관심을 영화로부터 자연스레 얻었다. 그리고 아이스하키를 배울 기회를 매우 어렵게 얻었다. 아이스하키는 쉬운 운동이 아니다. 배우려면 인내와 노력이 필요하다. 만일 아이가 아이스하키를 배우고 싶다는 욕구를 즉시 충족할 수 있었다면 그만큼 포기도 쉬웠을 것이다.

배우고자 하는 욕구가 큰 아이로 키우려면 두 가지를 명심해야 한다. 첫째, 부모의 강압이나 권유가 아닌, 스스로의 욕구로 배우기 시작해야 한다. 그러기 위해서는 배우고자 하는 마음이 우러나도록 신선한 자극을 주는 환경을 만들어 주어야 한다. 둘째, 아이가 뭔가 배우고 싶다고 해도 '옳거니' 하고 그 즉시 가르쳐서는 안 된다. 배울 기회를 이렇게 얻어야 그만큼 끈기를 갖고 열심히 하기 때문이다.

노련한 부모는 학원부터 데려가지 않는다

딸아이가 초등학교 5학년 때의 일이다. 아내가 아이에게 서예를 가르치고 싶어 했다. 그러고 보니 운동이나 악기 말고 다른 분야는 가르쳐 본 적이 없는 것 같아 나도 찬성했다. 그러자 아내는 딸아이를 데리고 서예 전시회를 찾아갔다. 그곳에서 난생처음 서예 작품을 가까이서 감상한 딸아이는 무척 감동을 받았다. 게다가 아내가 "너무 멋있지 않니?" 하고 바람을 잡자 드디어 넘어왔다. "엄마, 나도 서예 한번 배워 볼까요?" 역시 아내는 고단수였다.

우리 부부는 아이의 손을 잡고 무턱대고 학원부터 찾아간 일은 없다. 아이 입에서 "배우고 싶어요."라는 말이 나오게 했다. 그러기 위해서는 해당 분야에 대한 관심과 흥미를 가질 수 있는 환경을 만들어 주어야 한다. 서예를 가르치고 싶다면 서예 전시회를 찾아간다거나 작품집을 보여 주고, 피아노를 가르치고 싶다면 연주회에 데려가거나 평소 피아노 연주곡을 자주 들려준다. 아이의 경험이 다양하고 풍부할수록 배우고자 하는 욕구도 커질 수밖에 없다.

그런데 아이 입에서 "배우고 싶어요."라는 말이 나온 이후가 더 중요하다. 아이가 배우고 싶다고 말한 걸 '어렵고 힘들어도 포기하지 않고 끝까지 배우겠습니다.' 하는 의지로 받아들이면 곤란하다. 물고기가 호기심으로 미끼를 슬쩍 건드려 본 것이라고 이해해야 한다. 여기서 낚싯줄을 힘껏 잡아당기기 시작했다면 미숙한 낚시꾼이다. 노련한 낚시꾼은 더 기다린다. "그래? 정말 배우고 싶다고? 배우려면 꽤 힘들 텐데 정말 할 수 있겠어?" 그러면 아이들은 안달이 난다. 쉽게 얻을 수 없는 건 더 큰 욕구를 불러오기 때문이다.

이때를 놓치지 말고 목표를 확실하게 잡아 주어야 한다. 아내는 딸아이가 피아노를 배우고 싶다고 할 때 이렇게 말해 주었다. "일단 피아노를 배우기 시작하면 체르니 40번까지는 배워야 해. 그래야 악보를 보고 곧바로 연주할 정도가 되거든. 그런데 거기까지 배우려면 꽤 오랜 시간이 걸리고 힘도 들 거야. 중간에 포기하려면 아예 시작도 하지 마라. 시간만 낭비하는 거니까."

태권도를 배우고 싶다고 했을 때도 검은 띠 딸 때까지 할 거 아니면 아예 배우지 말라고 했다. 물론 이렇게 재차 다짐을 받고 시작했어도 중간에 "나 이제 안 배울래요. 배우기 싫어요." 하는 소리를 듣게 될 때가 있다. 하지만 목표를 정해 주지 않으면 더 빨리, 더 자주 "안 할래요." 소리가 나온다.

아이가 처음 가졌던 열의를 잃고 해이해졌다 싶을 때는 동기를 유발하기 위해 사용했던 방법을 다시 한번 동원하여 주의를 환기시킨다. 예를 들어 피아노에 소홀해졌다 싶으면 연주회에 데려가거나 넝반을 함께 들으며 감상을 이야기해 보는 식이다. 잔소리나 꾸중은 절대 도움이 안 된다.

또 한 가지 중요한 점이 있다. 비싼 악기나 장비는 사지 말고 대여해서 가르치라고 권하고 싶다. 피아노 같은 비싼 악기를 사서 가르치면 본전 생각이 나서 잔소리를 하게 마련이다. "이게 얼마짜린데 연습을 안 해? 피아노 안 칠 거야?" 부모 입에서 이런 소리가 나오면 배우고자 하는 욕구는 더 떨어진다.

아이가 해이해진 정도가 아니라, 아예 안 배우겠다고 할 때는 그냥 그러라고 했다. 설득하거나 억지로 배우라고 압력을 넣지 않았다. 대신 "네가 여기서 그만두겠다고 했으니, 앞으로 이걸 배울 수 없을 거야. 네가 다시 배우겠다고 해도 절대 가르치지 않을 거야."라고 말해 주었다. 그러면 딸아이는 한 번 더 생각해 보고, 다시 배우겠다고 말하곤 했다.

하지만 아이가 안 하겠다는 고집을 끝내 꺾지 않으면, 이럴 때는 부모가 포기해야 한다. 그래야 다른 분야를 가르치는 데 지장을 주지 않는다. 한 분야를 억지로 가르치면 그 반항심이 다른 분야에 대한 관심과 욕구에까지 영향을 미칠 가능성이 크다. 그러므로 더 이상 배우지 않겠다는 의지가 확고할 경우에는 아깝고 안타깝더라도 빨리 포기하고 다른 분야로 관심을 돌려 주는 게 현명하다.

아이를 둘러싼 세상이
가장 좋은 학습 교재

직접경험을 많이 할수록 사고력도 쑥쑥 자란다

나는 산책을 매우 좋아한다. 아이가 어렸을 적에는 틈날 때마다 함께 산책을 했다. 딸아이가 만 5세 될 무렵이었던 것 같다. 여느 때처럼 저녁 산책을 나섰는데, 그날따라 유난히 제 그림자에 관심을 보였다. 딸아이는 가로등이 만든 그림자를 바라보며 앞으로 뒤로 옆으로 움직여 보더니 그림자가 왜 커졌다 작아졌다 하냐고 물었다. 아이에게는 어려운 문제라는 걸 알면서도 "왜 그럴까? 한번 생각해 봐."라고 말했다.

그날 이후 아이는 산책할 때마다 제 그림자에만 온 정신을 쏟았다. 땅바닥에 누운 제 그림자를 열심히 들여다보며 연신 고개를 갸웃거렸다. 하지만 아무리 들여다봐도, 그림자의 길이와 방향이 변하는 이유를 쉽게 알아낼 수는 없었다.

그렇게 6개월 정도 지난 어느 날, 아무래도 아이 스스로 해답을 찾기는 어려울 것 같다는 생각이 들었다. 생각할 기회를 주는 것도 좋지만 아이를 괴롭히는 것도 아니고, 이제 힌트 좀 주지 그러냐는 장난 섞인 아내의 질타도 한몫했을 것이다. 그래서 다음번 산책에서는 선심 쓰듯, 그림자만 보지 말고 가로등도 보면서 걸어 보라고 힌트를 주었다. 아이는 가로등과 그림자를 번갈아 바라보면서 앞으로도 걷고, 뒤로도 걸어 보았다. 한참을 그러더니, 드디어 그림자의 길이와 방향이 가로등과의 거리와 어떤 관계가 있다는 사실을 발견한 모양이었다. 딸아이는 환한 얼굴로 내게 달려와 소리쳤다. "아빠, 아빠! 가로등에 가까이 가면 그림자가 작아지고, 멀리 떨어지면 그림자가 커져! 그리고 가로등이 내 앞에 있으면 그림자는 뒤에 생기고, 내 뒤에 있으면 그림자가 앞에 생겨!"

돌이켜 보면 딸아이가 MIT에 합격했다는 소식을 전했을 때도 이때만큼 기쁘지는 않았던 것 같다. 흔하고 작은 현상이라도 그냥 지나치지 않고 의문을 가졌다는 게, 그 의문을 풀기 위해 오랫동안 궁리했다는 게 기특했다. 그리고 비록 내 힌트가 결정적이긴 했지만 스스로의 힘으로 그것을 풀어냈다는 게 자랑스러웠다.

당시 교과과정에서는 빛과 그림자의 관계를 초등학교 2학년 과학 시간에 다루었다. 손전등이나 촛불을 이용하여 빛과 그림자에 관한 실험을 하는데, 대부분의 아이들은 이해를 잘

하지 못해 애를 먹는다. 평소 궁금해하거나 관심을 갖지 않았던 부분일 테니 아이들에게 쉽게 와닿지 않는 것은 당연하다. 반면 딸아이는 학교에서 배울 때, 가로등 불빛에 제 그림자를 이리저리 비춰 가며 궁리하던 기억이 떠올라 아주 신나고 재미있게 배웠다고 했다.

사고력은 책상 앞에 앉아서 하는 공부만으로 키워지는 게 아니다. 주변의 사물과 현상을 유심히 관찰하고 호기심을 키우는 게 다 공부다. 그러기 위해서는 직접경험의 기회를 많이 주어야 한다. 휴양림이나 천문대에서 밤하늘의 별도 헤아려 보고, 밤에 산책을 나가 달이 변하는 모양도 관찰해 보자. 산과 들에 지천으로 핀 들풀의 이름도 알려 주고, 애완동물도 키워 보자. 나는 딸아이가 개미에 관심을 보이기에 유리병에 개미집을 담아 와 관찰하도록 한 일도 있다.

물론 직접경험을 하는 데는 한계가 있다. 아이는 책도 읽어야 하고, 때로는 어른들의 설명도 들어야 한다. 하지만 아이에게 경험할 기회를 최대한 많이, 다양하게 주려고 노력해야 한다. 아이와 손잡고 산책이라도 자주 나가자. 나는 가끔씩 다섯 살배기 딸아이와 함께했던 그 산책이 그립다. 들풀한 송이, 돌멩이 하나도 그냥 지나치는 법이 없었던, 세상을 마냥 신기하고 흥미롭게만 보던 다섯 살배기와의 산책. 아이처럼 시선을 낮추고 느리게 걷다 보면 덩달아 부모까지도 세상을 새로운 눈으로 바라보게 된다.

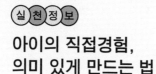

아이의 직접경험,
의미 있게 만드는 법

아이 눈에 신기한 건 따로 있다

직접경험을 시킨다고 공원에 데려갔는데, 아이가 분수 앞에서 떠나려 하지 않는다면? 부모 마음 같아서는 잔디밭에서 실컷 뛰놀게 하고 들풀도 구경시키고 싶겠지만, 아이가 원하는 대로 맞춰 주는 게 좋다. 공원 전체를 다 둘러보려고 온 게 아니라, 집 밖에서 새로운 경험을 하는 게 목표였다면 말이다. 아이가 분수 앞에서만 시간을 보낸다면 그걸로 만족하자. 어른의 기준이 아니라 아이의 눈높이에서, 아이가 보고 싶은 걸 보게 하고 듣고 싶은 걸 듣게 해야 한다.

경험을 통해 뭘 가르쳐야 한다는 강박관념을 버리자

직접경험은 무언가를 관찰하고 호기심을 느끼게 하는 데 목적이 있다. 그 자체만으로도 아주 커다란 성과다. 따라서 뭔가 꼭 가르쳐야 한다는 강박관념을 버리자. 대신 아이가 충분히 관찰할 시간을 주고, 거기에서 의문과 호기심을 발견할 수 있게 도와준다. 때로는 부모가 아이에게 질문을 던져 호기심을 유도할 수도 있다. 그렇더라도 정답 찾기는 아이 몫이다. 금세 찾든 시간이 걸리든 아이를 믿고 기다려 볼 일이다.

밖에서 경험한 걸 집에서 정리하면 100점 학습

아이가 경험한 것을 집에 돌아와 다시 한번 정리할 기회를 주자. 책이나 인터넷으로 자료를 찾아보거나 글이나 그림으로 감상을 남기면 좋지만, 강압적으로 시켜서는 곤란하다. "아까 우리가 보았던 물고기 있잖아. 색깔이 참 예쁘더라. 그림으로 한번 그려 볼까?" "동물들한테 먹이 주는 걸 봤으면 좋았을 텐데, 기회를 놓쳐서 아쉽네. 동물들이 뭘 먹고 사는지 동물도감에서 찾아볼까?" 아이가 흥미를 보였거나 의문을 가졌던 점을 상기시키면서 자연스레 유도하는 게 요령이다.

표현하지 않는 생각은
생각이 아니다

누구나 사람을 판단하는 기준이 있게 마련이다. 문필가인 내 친구는 한 줄을 쓰더라도 문장 성분 사이의 호응 관계가 맞지 않게 글을 쓰는 사람은 덮어놓고 싫어진다고 말한다. '이 정도 문법도 못 지키는 사람이 무엇인들 제대로 지키고 살까.' 하는 생각이 든다는 것이다. 내 경우에는 무엇을 물었을 때 "그냥요." 하는 사람이 가장 못 미덥다. 말주변이 없을 뿐이라고? 절대 그렇지 않다. 생각이 없으니까 "그냥요." 하면서 얼버무리는 것이다.

유치원생부터 중고등학생에 이르기까지 "그게 왜 좋니?" "왜 그렇게 생각하니?" 하는 질문에 "그냥요."라고 대답하는 아이들이 많다. 만일 "그냥요."라는 대답을 입에 달고 사는 아이가 있다면 절대 그냥 두어서는 안 된다. 이 대답 어디에서도 논리력과 추론력을 기대할 수 없다. 한마디로 "나는 아무 생각이 없는 아이입니다." 하고 광고하는 셈이다.

사고력과 표현력은 아주 밀접한 관계가 있다. 사고력이 뛰어나면 표현도 잘하고, 표현력이 뛰어나면 사고의 폭도 그만큼 넓다. 논리력과 추론력은 형편없는데 표현만 그럴싸할 수는 없다. 자신의 의견과 생각을 정말로 '잘' 표현하려면 반드시 사고력이 뒷받침되어야 한다. 다시 말해서 표현력을 키워 주면 사고력 확장에 도움이 된다는 이야기다. 일상생활에서 생각과 의견을 표현할 기회를 많이 주면 표현력뿐 아니라 사고력도 함께 자란다.

나는 딸아이가 아주 어렸을 때부터 완전한 문장으로 자신의 의사를 표현하도록 가르쳤다. "엄마 아빠, 밥!" 대신 "엄마 아빠, 배고프니까 밥 주세요." 하고 말하게 했다. 아이가 "나 아파."라고 말할 때도 구체적으로 어디가 어떻게 얼마만큼 아픈지 물어보았다. '아이가 그런 걸 어떻게 표현하겠어?'라고 할 게 아니다. 자꾸 물어보고 이야기할 기회를 줄수록 아이는 다양하고 구체적으로, 생생하게 표현할 줄 알게 된다.

부모는 잘 의식하지 못하는 경우가 많은데, 아이의 표현력을 키워 줄 기회를 부모가 가로채 버리는 일이 간혹 있다. 부모뿐 아니라 특히 아이를 가까이에서 돌보는 할머니에게 그런 경향이 많은 것 같다. 딸아이는 만 2세 무렵 한동안 외할머니 손에 자랐는데, 딸아이에게 질문을 할 때마다 장모님이 대신 대답해 주시는 바람에 난감했던 적이 있다. 딸아이에게 오늘 잘 지냈느냐고 물어보면 딸아이가 입을 떼기도 전에 장모님이 "네." 하고 대답하시고, 뭐하고 놀았냐고 물어보면 "놀이터 가서 그네 탔어요." 하고 대답하시곤 했다. 이런 일이 되풀이되자, 하루는 큰맘 먹고 장모님께 말씀을 드렸다. 아이의 생각을 들어 보고 싶어 일부러 질문하는 거니까 대신 대답하지 마시라고 말이다. 아이도 제 생각쯤은 제 입으로 이야기할 줄 알아야 한다고 하면서.

아내에게도 아이 대변인 노릇을 절대 못 하게 했다. 아이가 아파 병원에 가더라도 아이 대신 증세를 설명하지 말라고 당부했다. 반드시 아이 입으로 어디가 어떻게 아픈지 설명하도록 했다. 아이가 남에게 실수를 했을 때도 마찬가지였다. 엄마가 아이 대신 사과할 게 아니라, 반드시 아이 스스로 미안한 마음을 표현하도록 했다.

학습 중에도 아이가 어떻게 해서 그 답에 도달했는지 설명할 기회를 주어야 한다. 나는 딸아이가 계산 문제를 풀면 항상 "어떻게 풀었니?" "왜 그렇게 생각했니?" 하고 물었다. 그러면 답을 얻은 과정을 내게 자세히 설명하곤 했는데, 이를 통해 딸아이의 방법이 얼마나 논리적이고 창의적이었는지 가늠해 볼 수 있었다. 아이 역시 제 생각을 보다 명료하게 정리하는 기회가 되었을 것이다.

흔히들 "표현하지 않는 사랑은 사랑이 아니다."라고 하는데, 나는 "표현하지 않는 생각은 생각이 아니다."라고 말한다.

"애가 생각은 깊은데 표현력이 좀 부족해요."라고 말하지 말자. 표현하는 만큼만 생각한다고 봐야 한다. 그러니 아이의 의견을 많이 묻고 표현하도록 격려해 주자. 그게 곧 생각할 기회를 주는 것이다.

아이의 표현력,
훈련하는 만큼 나아진다

아이의 의사를 주의 깊게 경청하고 수용해라

"네 의견을 당당하게 말할 줄 알아야 한다."라고 말해 놓고 막상 아이가 제 의사를 표현했을 때 묵살하거나 주의 깊게 들어 주지 않는다면 아무 소용이 없다. 아이의 표현력을 키워 주려면 무엇보다도 아이의 말에 귀 기울이고 수용하는 자세가 필요하다. 아이가 부모 의견을 조리 있게 반박하고 나서면 "요 녀석이 버릇없이……."라고 말할 게 아니라 "그래, 들어 보니까 네 의견도 일리가 있구나." 하고 일단 인정해 주는 게 좋다. 설득은 그 후에 해도 늦지 않다.

뭘 물어도 "그냥요." 하는 아이라면

"그냥요."라는 대답이 못마땅하더라도, "대답 똑바로 못해? 그냥이 뭐야?" 하고 야단쳐서는 안 된다. 자칫 아이를 더욱 움츠러들게 할 수 있기 때문이다. 아이의 기질에 맞게끔 자연스럽고 부드럽게 대답을 유도하는 방법을 개발해야 한다.

질투심이 강하고 승부욕이 있는 아이라면 일부러 살짝 약을 올리는 게 효과적이다. "'그냥요.' 하는 걸 보니까, 잘 모르는 모양이네?" 소심한 아이 앞에서는 일부러 실수하는 모습을 보이는 것도 한 방법이다. "그냥 그린 거라고? 어디 보자, 그럼 곰을 그린 건가?" 부모가 일부러 헛다리를 짚으면 아이의 부담감을 덜어 주어 보다 쉽게 대답을 유도할 수 있다. 행동이 더디고 반응이 느린 아이라면 단답형으로 쉽게 대답할 수 있는 것부터 시작해서 생각이 필요한 대답으로 서서히 옮겨 가는 방법이 적당하다.

글자 없는 그림책으로 표현력을 길러라

워털루대학교의 다니엘라 오닐(Daniela O'Neill) 박사가 취학 전 아이들에게 글자 없는 그림책을 보고 곰 인형에게 이야기를 들려주도록 했다. 이 아이들의 2년 후 수학 점수를 비교해 보았더니, 이야기를 잘 구성한 아이들이 그렇지 않은 아이들에 비해 더 높은 점수를 받았다. 자기 의견을 표현하는 능력이 사고력과 밀접한 연관이 있다는 점을 떠올린다면 영 엉뚱한 결과는 아닌 셈이다.

돈이 많이 들거나 번거로운 방법도 아니니, 가정에서도 응용해 보면 좋을 듯하다. 글자 없는 그림책이나 여러 장의 사진을 아이에게 보여 주고 자유롭게 이야기를 구성하도록 격려해 주기만 하면 된다. 단, 부모가 마치 정답이 있는 양 이야기를 한 방향으로 몰아가거나 억지로 강요해서는 안 된다.

수학적 사고력만이 수학 잘하는 길

스스로 생각할 줄 아는 아이라면
수학과 친해질 수 있다

수학 좋아하는 아이로 키우려면 생각할 기회부터

많은 부모가 '수학 좋아하는 아이'를 꿈꾼다. 좋아하는 만큼 열심히 공부하게 될 테고, 그러다 보면 수학을 잘하게 되지 않겠냐는 생각 때문일 것이다.

사실 뭔가를 좋아한다는 건 전적으로 개인의 성향이나 취향 그리고 적성에 달린 문제다. 그러니까 아이가 뭔가를 '좋아하도록 만든다'는 건 어쩌면 지나친 욕심일 수 있다. 특히나 좋아하는 대상이 수학이어야 한다니! 그야말로 공주 눈에 개구리 왕자가 멋져 보이도록 만드는 것과 다름없다. 그만큼 어려운 일이다.

내가 수학과 각별한 인연을 맺기 시작한 건 초등학교 6학년 때였다. 당시만 해도 중학교에 진학하기 위해서는 입학시험을 치러야 했다. 전년도 기출문제를 풀어 가며 공부에 열중하던 어느 날, 수학 문제 하나가 골치를 썩였다. 선생님조차 두 손을 들었다. 오기가 발동했다. 밥 먹으라는 어머니 말씀도 듣지 않고 무려 여덟 시간을 책상 앞에 앉아 그 문제와 씨름을 했다. 그리고 드디어 그것을 풀어냈다! 그때 내가 느꼈던 쾌감을 어떻게 표현할 수 있을까. 뉴턴이 만유인력의 법칙을 발견한 순간에 비유해도 과장이 아닐 것이다.

낚시꾼들은 물고기가 미끼를 무는 순간 전해지는 '손맛', 그 찰나의 쾌감 때문에 낚시를 계속한다. 수학을 하다 보면 그 '손맛' 같은 게 느껴지는 순간이 있다. 실마리가 얼른 모습을 드러내지 않고 머릿속을 뱅뱅 맴돌기만 하다가, 찌가 수면 위로 솟아오르듯 갑자기 퍼뜩 떠오르는, 바로 그 순간 느껴지는 쾌감! 초등학교 6학년 때 느꼈던 '문제를 해결하는 맛'에 끌려 결국 나는 수학을 가르치는 사람이 되었다.

수학에 조금이라도 관심을 가지려면 일단 '문제를 해결하는 쾌감'부터 맛보아야 한다. 그 통쾌하고 뿌듯한 기분을 많이, 자주 느껴 볼수록 아이는 수학과 가까워진다. 그런데 많은 아이들이 이 기분을 느껴 볼 기회를 갖지 못한다. 그 이유가 무엇일까? 부모와 교사가 기다려 주지 않기 때문이다. 아이 스스로 문제를 해결하기를 기다리는 대신 부모가 나서서 그것을 해결해 주려고 하기 때문이다.

생각할 기회를 준다는 건 천천히 산책하는 것과 같다. 아이에게 산책이라는 게 뭔가. 강아지나 나비를 만나기라도 하면 정신없이 뒤쫓고, 의자란 의자에는 죄다 앉아 보고, 세발자전거를 보면 넋을 빼고 한참을 구경하는 게 산책이다. 그러면서 아이는 세상을 탐색하고 배워 간다. 그런데 아이를 채근하며 빨리 걷게만 한다면 어떨까? 목적지에 빨리 도착할 수는 있겠지만 아이가 산책을 통해 배울 수 있는 건 아무것도 없을 것이다.

중요한 건 결과가 아니라 과정이다. 수학 역시 문제의 정답을 맞히는 것보다 아이 스스로 해결 방법을 터득하는 게 더 중요하다. 그런데 많은 부모가 아이에게 생각할 기회는 주지 않고 가르쳐 주려고만 한다. 문제를 풀기 위한 가장 효율적이고 정확한 방법을 가르쳐 줄 테니 이대로만 하라는 식이다. 학교에서도 교과서 풀이 방법을 따르지 않았다고 꾸중을 하는 경우가 종종 있다. 아이들이 수학을 암기 과목이라 오해하는 데는 다 이유가 있는 것이다.

자극은 주되, 해답은 주지 마라

딸아이는 어릴 때부터 가전제품 다루는 데 선수였다. 새 가전제품이 들어오는 날이면 신이 나서 발을 동동 굴렀다. 저 혼자 버튼도 눌러 보고 다이얼도 돌려 가며 호기심을 충족시켰다. 그러다 보면 사용 설명서를 보지 않고도 자연스레 작동법을 익히게 된다.

그런데 대부분의 부모들은 아이들이 가전제품 만지는 걸

질색한다. 고장 난다, 때 묻는다, 위험하다면서 가전제품 근처에는 얼씬도 못 하게 한다. 사실 아이가 이리저리 만지고 돌린다고 고장 나는 가전제품은 거의 없다. 안전사고 위험이 큰 제품이라면 모를까, 텔레비전이나 비디오, 전화기 정도는 아이가 마음껏 탐색하도록 내버려 두어도 좋다. 아이들은 이런 기회를 통해 다양하게 사고하는 능력, 스스로 문제를 해결하는 능력을 기른다.

아이가 만 3세가 되었을 무렵, 딸아이와 내가 즐겨 했던 놀이는 바로 '화투 게임'이있다. '아니, 대학교수가 딸이랑 화투를?' 하고 이상한 눈으로 바라보지 말길 바란다. 고스톱을 쳤다는 게 아니라 화투를 이용해 기억력 게임을 했다는 이야기니까. 게임의 규칙은 간단하다. 화투를 모두 뒤집어 놓은 다음, 두 장씩 열어 짝이 맞는 화투가 걸리면 가져간다.

게임을 시작하기 전에 우선 화투 마흔여덟 장을 아이에게 보여 주고, 네 장씩 짝이 지어진다는 사실을 알려 주었다. 그러고 나서 아이에게 게임 규칙을 설명해 주었다. 드디어 게임 시작! 아이는 예상대로 무작위로 화투를 뒤집었다 놓기를 반복했다. 당연히 화투의 모양이나 위치를 기억할 리 없었다. 어쩌다 짝이 맞는 화투가 걸리는 경우도 있었는데, 그건 기억력에 따른 게 아니라 말 그대로 행운이었다. 하지만 그렇다고 나만 계속 이길 수는 없는 일이었다.

여기서 중요한 점이 있다. 아이가 게임에 흥미를 느끼도록 하려면 '나도 이길 수 있다.'라는 희망을 주어야 한다. 그러니까 이기더라도 아주 간발의 차로 이기는 센스를 발휘해야 한다는 말이다. 이길 듯 말 듯 아주 감질나게 게임을 이끌어야 아이가 재미있어 한다. 경우에 따라서는 아이가 눈치채지 못하게 일부러 져 줄 필요도 있다.

화투 게임을 시작한 지 두 달 정도 지나자, 아이에게 변화가 나타나기 시작했다. 아이가 뒤집었던 화투와 짝이 되는 화투를 내가 뒤집으면 안절부절 어쩔 줄 몰라 했다. 자기도 모르게 어떤 화투 쪽으로 손을 뻗어, 내가 그것을 뒤집지 못하도록 하는 경우도 여러 차례 있었다. 오호라. 그러니까 아이가 화투의 모양과 위치를 드디어 기억하기 시작했다는 증거였던 것이다.

몇 번의 시행착오 끝에 아이가 개발해 낸 전략은 이랬다. 자기가 뒤집은 화투는 자기가 기억하기 쉬운 자리에 갖다 놓는다. 물론 자기가 뒤집은 화투를 외우느라 바빠 내가 뒤집는 화투에는 도통 관심이 없었다. 하지만 나는 아이에게 자기 화투만 기억하는 것으로는 이길 수 없고, 상대방이 뭘 뒤집는지, 그걸 어디에 두는지도 잘 봐야 이길 수 있다고 가르치지는 않았다. 게임에서 이기는 것보다 이런 전략을 스스로 발견해 나가는 과정이 더 중요하다는 사실을 잘 알고 있었기 때문이다. 전략을 발견해 냈을 때 아이가 느낄 기쁨을 가로채고 싶지 않다는 마음도 있었다.

아이가 커 가면서 카드놀이, 윷놀이 등 함께하는 게임의 종류는 다양해졌다. 하지만 기본 원칙은 하나였다. '가르치지 말고, 아이 스스로 전략을 개발할 때까지 기다린다.' 스스로 깨달아 가는 경험이 반복될수록 전략을 세우는 시간은 단축된다. 아이 스스로 깨우칠 기회를 주지 않고 부모가 가르치려 해서는 안 된다. 그렇게 하면 당장은 남보다 조금 빠를지 모르겠지만, 스스로 문제를 해결하는 능력, 생각하는 힘은 키워지지 않는다.

아이가 공부하는 동안 부모가 옆자리를 지키고 앉아 있는 것도 그리 바람직하지 않다. 부모가 아이의 옆자리를 지키고 앉아 있는 데는 여러 이유가 있을 것이다. 공부를 잘 하고 있나 '감시'를 하기 위한 것일 수도 있고, 힘들게 공부하는 아이에 대한 '배려'라고 생각할 수도 있다. 하지만 아이가 공부하는 자리를 지키고 있다 보면 참견하고 싶어지고 잔소리도 늘게 마련이다. 공부를 잘한다는 것은 공부 전략을 잘 안다는 것과 마찬가지인데, 부모의 참견과 잔소리 밑에서 자란 아이가 스스로 공부 전략을 개발하기는 힘들다.

무엇을 하든 일단 아이가 먼저 해 볼 기회를 주는 게 좋다. 보기 답답하다고 시간 없다고 부모가 나서면 안 된다. 아이가 잘못하거나 도움을 필요로 하면 그때 나서도 늦지 않다. 그럴 때라도 "그것 봐. 엄마 아빠가 해 준다니까."라고 말하면 곤란하다. "도와줄까?"라고 물어봐야 한다. 주도적으로 일을 해결하는 사람은 아이이고, 부모는 단지 조력자라는 사실을 늘 강조하는 게 좋다.

스스로 생각할 줄 아는 아이로 기르려면 부모가 지나친 간

섭을 하지 말아야 한다. 아이에 대한 관심은 늘 갖고 있되, 가르치려 들거나 참견해서는 곤란하다. 요령을 가르치면 하루를 앞서는 아이로 만들 수 있지만, 스스로 요령을 깨칠 때까지 기다려 주면 평생을 앞서는 아이로 만들 수 있다.

스스로 생각하는 아이로 키우는
질문의 기술

가장 좋은 자극은 질문이다

스스로 생각할 줄 아는 아이로 키우기 위한 가장 좋은 자극은 질문이다. 아이를 영재로 키운 부모에게는 공통점이 한 가지 있는데, 수시로 질문을 했다는 점이다. 주변의 사건이나 현상들에 대해 그 원인은 무엇인지, 앞으로 어떻게 될 것인지 끊임없이 질문을 던져 생각할 기회를 주었다는 것이다. 어떤 아빠는 아이가 학교에서 배운 걸 자신에게 가르쳐 달라고 했단다. 아이는 아빠에게 가르쳐 주기 위해 수업 시간에 더욱 열심히 공부를 했을 테고, 그것을 아빠에게 설명하는 과정을 통해 자기 것으로 다지고 소화할 수 있었을 것이다.

아이가 질문하면 무조건 추켜세워라

아이들은 질문이 많다. 아이가 의문을 가질 때는 무조건 칭찬하고 격려해 주자. 작은 질문이라도 "와, 정말 멋진 질문인데?" "아주 근사한 질문이야. 어떻게 그런 걸 다 생각해 냈어?" 하고 격려해 주면 아이는 힘이 난다. 의문을 갖고 더 알고 싶어 한다는 게 얼마나 대견하고 멋진 일인가. 아이는 충분히 칭찬받을 자격이 있다.

그 반면 "나도 잘 몰라." "넌 몰라도 돼. 지금은 알 필요 없어."라는 대답은 최악이다. 이런 대답들은 아이의 호기심을 죽이고 가능성의 싹을 잘라 낸다. 아이의 사고력 향상에 방해만 되는 반응이므로 절대 피해야 한다.

아이의 질문에 곧바로 대답하지 말고 역질문을 하라

아이가 질문을 하면 곧바로 해답을 주지 마라. "넌 어떻게 생각하니?" "글쎄, 어떻게 하는 게 좋을까?" 하고 역질문을 하면 아이는 한 번 더 생각하게 된다. 그래도 아이가 "싫어. 엄마 아빠가 가르쳐 줘."라고 한다면 그동안의 자신을 반성해 보아야 할 것이다. 아이가 원할 때마다 즉시 해답을 주거나 또는 원하지 않았는데도 도움을 준 부모는 아니었는지 말이다. 이제부터라도 늦지 않았다. 아이를 다독이고 격려하여 스스로 해답을 찾을 수 있도록 도와주자.

역사적 사실이나 개념을 묻는 질문이라면 성심성의껏 답변해 주자. 아이가 이해하기 쉽게, 아이가 완전히 알아듣지 못하더라도 되도록 풍부하게 설명해 주는 게 좋다. 그런데 이런 친절하고 상세한 설명보다 더 좋은 대답이 있다. "엄마 아빠도 정말 궁금하다. 네가 한번 찾아보고 엄마 아빠한테 가르쳐 줄래?" 한 서울대 입학생의 엄마는 아이가 아주 어릴 때부터 단어의 뜻을 물어보면 곧바로 해답을 주지 않고 사전을 찾아보게 했다고 한다. 이런 훈련이 스스로 생각하고 해결하는 힘을 키워 준 것은 두말할 나위가 없다. 이때 무조건 아이에게만 찾아보라고 해서는 곤란하다. 아이의 질문에 부모가 충

110

분히 관심을 갖고 있고, 함께 고민하고 있다는 것을 보여 주어야 한다. "같이 찾아볼까?"라고 하거나, 아이에게 해답을 찾아보라고 한 뒤에는 "아까 물어봤던 거, 찾았어? 나한테 이야기 좀 해 줘." 하고 관심을 보여야 한다.

수학 교수 아빠가 고른
최고의 장난감

"교수님은 아이에게 어떤 장난감을 사 주셨어요?" 주변에서 이런 질문을 종종 받는다. 대부분 취학 전 아이를 둔 부모들이다. 어떤 부모는 "가베나 ○○출판사 수학 전집 교구 같은 건 어떨까요?" 하고 묻기도 한다. 보아하니 그 비싼 걸 이미 장만해 놓고 내게 확인을 받고 싶어 하는 눈치다.

이미 구입한 부모에게는 안 된 이야기지만, 나는 100만 원을 호가하는 값비싼 교구는 전혀 필요 없다고 생각한다. 아이와 부모 모두에게 부담만 줄 가능성이 크기 때문이다. 아이들은 일단 그 엄청난 분량에 질려 버린다. 아이들은 싫증을 잘내고 호기심이 많은 게 사실이지만, 지나치게 다양한 교구 앞에서는 오히려 혼란과 불안감을 느낀다. 장난감의 개수든 선

112

택의 폭이든 아이들이 감당할 수 있는 범위로 제한해야 더 효과적이다.

부모는 부모대로 스트레스를 받는다. 교구값만 해도 엄청난 데다 잘 활용하려면 수업료까지 내야 하는 경우가 대부분이다. 교사 대신 엄마 아빠가 직접 가르치려면 따로 공부까지 해야 한다. 이게 무슨 고생인가. 1, 2만 원도 아니고, 몇십만 원은 보통이고 100만 원이 넘는 돈을 들였으니 본전 생각이 나지 않을 리 없다. 아이가 교구에 좀 시큰둥하다 싶으면 "이게 얼마짜린데 안 갖고 놀아?" 하는 소리가 절로 나온다. 그러다 보니 아이는 교구에 더욱 관심을 잃게 된다. 강압적인 분위기가 감지되면 하려다가도 안 하는 게 아이들이다.

나는 아이가 좋아하고 오래오래 갖고 놀 수 있는 것이 가장 훌륭한 장난감이라고 생각한다. 이런 장난감이 꼭 비쌀 이유는 없다. 딸아이가 몇 년을 끌어안고 지냈던 곰 인형은 1만 원짜리였다. 아이들은 굳이 돈 들여 살 필요가 없는 장난감에 열광하기도 한다. 내가 배처럼 물에 띄우기도 하고, 비행기 삼아 날리기도 하고, 친구들에게 소꿉놀이 그릇 하라며 선심을 쓰기도 했던 손바닥만 한 나뭇잎은 언제나 공짜였다.

하지만 "교수님은 어떤 장난감을 사 주셨어요?" 하고 묻는 부모들이 이런 대답을 기대할 것 같지는 않다. 내가 수학교육과 교수이고 게다가 딸아이 역시 수학에 꽤 재능이 있을 거라고 생각하니, 뭔가 수학적 사고력을 키우는 데 크게 도움이 되는 장난감을 추천받기를 원할 것이다.

113

사실 나는 수학적 사고력을 키워 주겠다는 의도로 아이에게 장난감을 사 준 적은 없다. 비싸고 자극적이고 위험한 장난감을 피한다는 원칙은 있었지만, 그 목록은 아주 평범했다. 하지만 지금 와 생각해 보면 그중 몇몇은 확실히 수학적 사고력을 키워 주는 데 큰 도움이 되었던 것 같다. 대표적인 장난감이 바로 블록과 지도다.

수학적 사고력 쑥쑥 키워 주는 블록의 놀라운 힘

딸아이는 미국에서 첫돌을 맞았다. 당시 유난히 인형 선물이 많이 들어왔는데, 인형 말고 아이가 재미있게 갖고 놀 수 있는 게 없을까 찾다가 발견한 것이 동물 조립 장난감이었다. 각각 머리, 몸통, 꼬리 세 조각으로 나누어진 개, 말, 기린, 코끼리 등의 플라스틱 동물을 서로 조합하도록 한 것이었다.

우선 딸아이에게 열두 개의 조각으로 어떤 동물을 만들 수 있는지 보여 주었다. "자, 봐라. 아빠가 멍멍 개를 만든다." 하고 개의 머리, 몸통, 꼬리 조각을 찾아 조립하였다. 이런 식으로 말과 기린, 코끼리까지 모두 만들어 주었더니, 무척 관심을 보였다. 아무래도 일상에서 자주 만나는 개가 가장 친숙했던지, 개부터 조립하고 싶어 했다. 하지만 겨우 돌쟁이가 개를 이루는 세 조각을 제대로 찾아내기란 쉽지 않았다. 몇 번의 시행착오 끝에 겨우 완성해 냈다.

그렇게 해서 개와 말, 기린, 코끼리까지 네 가지 동물을 익숙하게 조립할 줄 알게 되자, 이번에는 의도적으로 잘못 조립하는 데 흥미를 보이기 시작했다. 개의 머리에 말의 몸통, 코끼리의 꼬리를 붙이는 식이었다. 딸아이는 이렇게 조립된 동물을 보며 아주 재미있어 했다. 자신만의 새로운 동물을 창조한 것이었다.

언뜻 생각하면 단순해 보이는 이런 조립 과정은 아이의 인지 발달 측면에서 매우 중요한 의미를 갖는다. 개와 말, 기린, 코끼리 등의 동물을 만들기 위해 각각의 머리와 몸통, 꼬리를 조립하는 과정은, 동물을 식별하고 분류하는 능력과 추론력 없이는 불가능하다. 그리고 아이만의 '돌연변이 동물'을 만드는 과정은 일종의 '경우의 수'에 대한 경험이라고 봐도 좋다. 고작 열두 개의 조각으로 자그마치 예순네 종류의 동물을 만들어 낼 수 있다니, 아이에게 이보다 신기하고 멋진 경험이 어디 있을까!

귀국 후, 한국에서도 이런 동물 조립 장난감을 구할 수 있는지 알아보았지만 안타깝게도 찾을 수 없었다. 만일 이런 장난감을 원하는 엄마 아빠가 있다면 손수 만들어 보는 것도 좋을 것 같다. 가정에서는 플라스틱 입체물을 만들기가 쉽지 않을 테니, 종이를 이용해 퍼즐 방식으로 만들어 보면 어떨까. 두꺼운 종이에 개, 말, 기린, 코끼리를 그려서 가위로 오려 낸 다음 머리, 몸통, 꼬리 셋으로 잘라 모두 열두 조각을 만들면 된다. 만들기가 번거롭고 수명도 짧지만, 동물 조립 장난감의 장점을 고스란히 갖춘 장난감이 탄생할 것이다.

6개월 정도 이 장난감에 열광하던 딸아이는 생후 18개월 무렵이 되자 원목으로 만든 쌓기 블록에 관심을 보이기 시작했다. 지인에게 물려받은 이 블록은 알록달록한 색감의 원기둥, 원뿔, 정사면체, 정육면체 등으로 구성된 것이었다. 흔히 '베이비 블록'이라고 알고 있는 바로 그것이다. 딸아이는 블록을 높이 쌓았다가 허물고, 또 쌓았다가 허물기를 되풀이했다. 어른 눈에는 하품이 날 정도로 단조로운 놀이지만, 사실은 그렇지가 않다. 이런 과정을 통해 아이는 도형의 모양을 관찰하고 그 성질을 파악할 수 있다. 곡면 위에는 무언가를 쌓을 수 없다, 정사면체는 안정적이어서 잘 쓰러지지 않는다, 원뿔을 굴리면 한 바퀴를 돌아 제자리로 돌아온다……. 체험을 통해 직접 발견해 낸 이런 사실들은 책상에 앉아 배운 것들보다 아이에게 훨씬 더 강한 인상을 준다.

만 2세가 되었을 때는 레고 블록으로 알려진 요철이 있는 끼우기 블록을 사 주었다. 크기가 크고 조각 수가 적은 것부터 쥐어 주다가 점차 크기가 작고 조각 수가 많은 것으로 단계를 높여 갔다.

끼우기 블록은 두루두루 활용도가 높은, 아주 훌륭한 장난감이다. 특히 공간 감각을 기르는 데 아주 효과가 그만이다. 블록 세트 안에는 대개 완성품을 만들기까지의 과정을 나타낸 겨냥도 책자가 들어 있다. 입체의 모양을 잘 알 수 있도록 평면에 나타낸 이 그림을 보는 자체가 공간 감각을 기르는 과정이다. 아이는 겨냥도를 통해 만들어질 모양을 머릿속으로 그려 보고, 블록을 조립해 가며 그것을 실제로 확인해 나간다.

딸아이는 소꿉놀이나 병원놀이 등에는 별 관심이 없었고, 유독 끼우기 블록에만 변함없는 애정을 보였다. 나는 딸아이가 가진 수학적 재능의 상당 부분은 끼우기 블록의 영향일 것이라고 확신한다.

그림책보다 더 재미있는 지도책 보기

지도 역시 아주 좋은 장난감이 될 수 있다. 값비싼 수학 교구나 학습지는 지도에 비할 바가 못 된다. 아이가 도착지로 가는 길을 여러 가지로 궁리하는 것은 '경우의 수'를 찾는 경험이다. 가장 효율적이고 빠른 길을 찾는 것은 논리력과 추론력을 키우는 과정이며, 지도와 실제를 비교해 가며 방향 감각과 거리 감각을 익힐 수 있다. 지도야말로 관찰력과 공간 감각과 추론력을 키우는 데 더없이 좋은 장난감이다.

제자 한 명이 초등학교 4학년을 대상으로 추론력 검사를 한 적이 있었다. 당시 딸아이는 초등학교 1학년이었는데, 제자의 배려로 검사를 함께 받았다. 검사 결과, 초등학교 1학년인 딸아이의 추론력이 초등학교 4학년들과 비슷한 수준으로 나타났다. 이런 결과를 얻을 수 있었던 일등 공신을 꼽으라면 나는 주저하지 않고 '지도 보기'라고 대답할 것이다.

딸아이가 지도를 보기 시작한 것은 한글을 막 뗐을 무렵이었다. 나는 거의 매주 아이를 데리고 여행을 다녔다. 여행을 떠나기 전에 항상 아이와 함께 지도를 펼쳐 놓고 어떤 길로 가면 좋을지 연구하곤 했다. "이번 주말에는 속초에 갈 거야. 자, 지도를 한번 볼까? 속초까지는 어떻게 가면 좋을까?" 여행 경로를 결정하는 일은 언제나 아이와 나의 공동 작업이었다.

물론 아이가 처음부터 지도를 보고 경로를 찾기란 쉽지 않다. 일단 지도에서 도시 찾는 연습부터 해야 한다. 아이가 웬만큼 한글을 뗐다 싶으면 지도를 펴 놓고 도시 찾기 놀이를 해 보자. "경주가 어디 있을까?" "이번에는 포항을 한번 찾아볼까?" 하는 식이다. 아이는 마치 숨은그림찾기 놀이하듯 신이 나서 도시 이름을 찾을 것이다.

아이가 지도와 도시 이름에 익숙해졌다면 가장 빠른 길 찾기 놀이를 해 본다. "자, 서울에서 속초를 찾아갈 거야. 어떤 도시들을 거쳐 가야 할까? 어떻게 가는 게 가장 빠를까?" 처음에는 단거리 문제부터 내야 한다. 그래야 아이가 성취감을 느끼고 놀이에 재미를 붙일 수 있다.

아이가 찾은 길이 언제나 최선은 아니다. 지도상의 최단 거리를 찾았을지는 몰라도 실제 도로의 종류나 현지 교통 사정 등을 감안하면 가장 좋은 코스가 아닐 수도 있다. 그럴 때는 지도상으로는 가장 빠른 길이 맞지만 그 길은 국도라서 고속도로에 비해 속도를 내기가 어려우니 고속도로로 가는 게 더 빠르다고 설명해 준다.

아이와 지도상으로 경로를 정했다면 이제는 몸소 체험할 차례다. 차를 타고 가면서 실제 거리와 지도상의 거리가 얼마

118

나 차이가 나는지 직접 느껴 보도록 하는 것이다. 아이 눈에는 얼마나 신기할 것인가. 지도에서는 한 뼘도 안 되는 거리였는데, 실제로는 차로 몇 시간을 달려야 하는 거리라니! 이런 과정을 통해 아이는 지도가 실제의 거리를 일정한 비율로 축소하여 만든 것이라는 사실을 자연스레 깨달을 수 있다.

어릴 때부터 지도를 장난감 삼아 가까이 접한 덕분인지, 딸아이는 지도 보는 데 귀신이다. 가히 '움직이는 내비게이션'이라 할 만한 솜씨다. 아내 말로는 처음 가 보는 미국 땅에서도 아이가 지도를 보며 길 안내를 해 주어 운전하는 데 전혀 어려움이 없었다고 한다. 방향 감각 역시 남다르다. 한 번 가 본 길은 잃어버리는 경우가 거의 없고, 지하도의 출구도 금세 찾는다.

그러니 이제부터는 지도에서 경로를 찾아 볼 때마다 "저리 가 있어. 네가 뭘 안다고 그래?" 하고 아이를 쫓아낼 게 아니라 아이에게도 지도를 보고 가장 효율적인 경로를 찾을 기회를 줘야 한다. 교육적 효과를 차치하고서라도 아이와 함께 지도를 보는 건 즐거운 경험이다. 여행을 떠나기 전에 아이와 머리를 맞대고 지도를 보면서 "이리로 갈까? 저리로 가면 어떨까?" 하고 고민하는 재미는 맛본 사람만 안다.

장난감, 교육 효과 더 높이기

아이와 함께 신나게 놀아 주자

장난감을 선택할 때는 아이의 지적 수준에 맞는지와 함께 아이가 관심을 갖는 것이 무엇인지 고려해야 한다. 아이의 집중력, 관찰력, 사고력뿐만 아니라 아이의 감성에도 도움이 되는 장난감인지 살펴 보자.

"블록이 좋다고 해서 큰맘 먹고 사 줬는데, 먼지만 잔뜩 쌓였어요." "지도가 아무리 좋으면 뭐해요. 아이가 관심을 보이지 않는데."라고 말하는 부모들이 있다. 대개 다음 둘 중 하나가 원인이 되어 이런 현상이 벌어진다. 첫째는 남들이 좋다는 장난감을 아이에게 사 주고는 '내 할 일 다했다.' 하고 방치하는 경우이고, 둘째는 본전 뽑겠다는 생각에 "이렇게 해 봐라, 저렇게 해 봐라." 하면서 안달하는 경우다.

아이에게 장난감을 건넬 때는 관심을 갖도록 유도하되 강요하지 않아야 한다. 이때 아이와 함께 장난감을 갖고 신나게 놀아 주는 게 가장 좋다. 그러면서 자연스레 규칙을 일러 주고 시범도 보여 준다. 여기서 놀이의 주도권은 언제나 아이가 쥐고 있어야 한다. 부모가 주도적으로 이것저것 시키려 들면 그 순간부터 아이는 장난감에 흥미를 잃는다.

120

아이 스스로 성취감을 맛볼 기회를 주자

아이가 잘하지 못해도 그냥 내버려 두는 게 좋다. "여기에 그걸 끼우면 어떻게 해. 이게 맞는 거야." "그 길은 빙 둘러 가는 거잖아. 여기가 더 빠르지." 하고 끼어들지 말아야 한다. 아이 스스로 성취감을 맛보는 게 중요하다. 물론 아이가 도움을 청하면 도와주어야 하지만 이런 경우에도 힌트만 주어야지, 부모가 모두 다 해 주어서는 곤란하다.

아이가 집중하고 있을 때는 방해하지 말자

"하루 종일 장난감 하나만 갖고 놀아요. 혹시 자폐 기질이 있는 건 아닐까요?" 하고 염려하는 부모도 있다. 하지만 다른 증세가 동반되지 않는 이상 걱정할 필요는 없다. 어떤 부모는 다양한 자극을 준다면서 잘 놀고 있는 아이에게 다른 장난감을 갖고 놀도록 권하기도 한다. 하지만 아이가 한 가지 장난감에 집중하고 있다면 그냥 내버려 두는 게 좋다. 그 장난감에 아이가 탐구하고 연구할 만한 무언가가 많이 숨어 있다는 뜻이므로 마음껏 탐색하고 살펴볼 기회를 주어야 한다.

수 세기는 일상에서
자연스럽게 익힌다

천천히, 일상적이고도 자연스럽게

"이제 우리 아이에게도 수학 공부 좀 시켜 볼까?" 하고 부모가 두 팔을 걷어붙이는 순간, 가장 먼저 떠올리는 게 바로 수 세기다. 그런데 막상 수 세는 법을 '가르치려' 하면 어떻게 해야 할지 엄두가 나지 않는다.

아이에게 있어 수를 센다는 건 그리 만만한 과제가 아니다. '수를 셀 줄 안다.'라고 하려면 세 가지 조건이 충족되어야 한다. 첫째, 수의 이름을 알아야 한다. 다시 말해 '하나, 둘, 셋, 넷' '일, 이, 삼, 사'를 순서대로 외울 수 있어야 한다. 둘째, 세려는 대상과 수의 이름을 일대일로 대응시킬 줄 알아야 한다. 사탕 두 개를 놓고 "하나, 둘, 셋" 하는 식이라면 수를 센다고 할 수 없다. 셋째, 모두 합하여 몇인지 말할 수 있어야 한다.

왼쪽부터 세든, 오른쪽부터 세든 그 합에는 변함이 없다는 사실을 알아야 한다.

그러므로 너무 일찍부터 수를 세게 하려고 안달할 필요가 없다. 아이가 만 2세 정도 되면 수 세는 모습을 의도적으로 자주 보여 줄 수는 있지만, 이때도 수 세기를 '경험하게 한다.'라는 기분으로 해야지 '가르치겠다.'라고 작정해서는 곤란하다.

아이가 부모를 따라 수 세는 흉내를 내기 시작하거나 흥미를 보이는 기색이면 그때부터 본격적으로 수의 이름을 가르친다. 하나부터 열까지, 1부터 10까지 무조건 암기하도록 가르치라는 이야기가 아니다. 특히 수학 문제집을 펼쳐 놓고 '토끼가 모두 몇 마리인지 세어 보아요.' '3 뒤에 오는 수는 무엇일까요?' 식의 문제를 풀게 하는 건 정말 권하고 싶지 않다. 취학 전에 책상 앞에 앉혀 놓고 연필을 쥐고 하는 수학 공부는 제발 시키지 말았으면 좋겠다. 부모에게는 이런 게 '제대로 된 교육'일지 몰라도 내게는 '과욕'으로 보인다. 교육 효과도 떨어질 뿐 아니라 '수학'이라는 소리만 들어도 줄행랑치는 아이로 만들기 십상이다. 수 세기를 비롯한 유아 수학 교육의 상당 부분은 일상에서 자연스러운 자극을 주는 것이 가장 효과적이다. 그 정도면 충분하다.

숫자를 읽고 쓰게 할 때도 '천천히, 일상적이고도 자연스럽게'라는 원칙에 충실하면 된다. 딸아이는 만 3세부터 숫자를 읽고 쓰기 시작했다. 내가 종이에 이런저런 숫자 적는 모습을 어릴 때부터 보아 온 탓인지, 하루는 책상 위 종이에 적힌 숫자를 가리키며 내게 "아빠, 스케치북에 이거 그려 줘요."
라고 했다. 1부터 10까지 큼직하게 적어 주었더니 서툰 글씨
로 따라 그리며(쓰는 게 아니라!) 재미있어 했다. 당시만 해
도 아이가 숫자에 관심을 보이는 게 기특했지만, 별다른 기대
는 하지 않았다. 그런데 이런 일을 몇 번 반복하다 보니 아이
는 어느 순간부터 1부터 10까지 능숙하게 읽고 쓰게 되었다.

　이 이야기를 듣고 당장 1부터 10까지 적힌 스케치북을 아
이 앞에 내미는 일은 없었으면 한다. 딸아이는 아빠의 직업
덕분에 다른 아이들에 비해 어릴 때부터 숫자를 많이 접했고,
그만큼 관심을 빨리 가지게 되었다는 이점이 있었다. 하지만
숫자에 관심을 가질 기회조차 갖지 못했던 아이에게 무턱대
고 숫자를 따라 쓰며 외우라고 하는 건 고문에 가깝다. 일단
은 아이에게 숫자를 접할 기회를 많이 만들어 주자. 그러다
보면 따라 쓰고 외우는 훈련 없이도 1부터 10까지 자연스레
읽을 줄 알게 된다.

일상에서 수 세기 배우기

수를 세고 숫자를 읽을 기회를 자주 준다

아이와 함께 생활하다 보면 수 셀 기회는 무궁무진하다. 계단을 오르내리면서, 엘리베이터를 타면서, 냉장고에 달걀을 정리하면서, 빨래를 개면서, 연필을 깎아 주면서 "하나, 둘, 셋, 넷" 하고 헤아리다 보면 아이도 자연스레 수 세기에 익숙해진다. 한 가지 잊지 말아야 할 사항은 수를 다 센 다음에는 반드시 "그래서 모두 몇 개지?" 하고 물어봐야 한다는 것이다. 그렇지 않으면 수의 이름과 세는 대상을 일대일로 대응시키는 단계까지만 밟는 셈이다.

숫자 읽기 역시 일상에서 숫자에 주목할 기회를 많이 줄수록 효과적이다. 달력의 숫자를 가리키며 "오늘은 9월 2일이구나." 하고 말해 주고, 엘리베이터에 타면 "자, 12층에 가자." 하면서 아이가 12가 적힌 버튼을 누를 기회를 준다. 산책을 할 때 자동차 번호판이나 상가 전화번호를 가리키며 읽어 주는 것도 좋은 방법이다. "숫자 1과 모양이 닮은 건? 젓가락!" "숫자 8과 모양이 닮은 건? 눈사람!" 하는 식으로 숫자와 비슷한 모양을 한 그림이나 사물을 찾아보는 놀이도 좋다.

10 이상의 수를 가르칠 때

딸아이가 만 3세 정도 되던 무렵, 그러니까 10까지는 곧잘 세던 때인 것 같다. 하루는 쟁반에 사탕 열두 개를 놓고 무작정 세어 보라고 시켰다. 그랬더니 "하나, 둘… 아홉, 열" 하고는 내 얼굴을 빤히 쳐다보았다. 내가 모르는 척하고 있었더니 그다음에는 어떻게 세냐고 물어 왔다. 그제야 나는 "열하나, 열둘, 모두 열두 개가 있구나." 하고 가르쳐 주었다.

10 이상의 수를 세는 법을 가르칠 때 부모가 먼저 열하나, 열둘이라고 나서지 않는 게 좋다. 일단 열 개 이상의 대상을 셀 기회를 준 다음, 아이가 '어? 열까지 다 세었는데, 사탕이 남았네. 이럴 때는 어떻게 해야 할까?' 하는 의문을 갖게 만들자. 열아홉에서 스물로, 스물아홉에서 서른으로 넘어갈 때도 마찬가지다. 수학 교육에서는 '열하나, 열둘'을 세는 것보다 아이가 의문을 갖게 하는 게 더 의미가 있고 중요하다.

정렬되어 있지 않은 대상을 셀 때

그림이든 실물이든 대상을 일렬로 쭉 늘어놓으면 대부분의 아이들이 실수하지 않고 잘 센다. 그런데 대상이 마구 흩어져 있으면 문제가 달라진다. 센 걸 또 세는 경우가 있는가 하면, 빠뜨리고 세지 않는 경우도 생긴다. 10 또는 20까지 잘 세는 만 3세 이상의 아이들도 종종 이런 실수를 한다.

이럴 때 부모가 연필로 표시해 가면서 세어 보라는 둥, 센 건 이쪽으로 모아 놓으라는 둥 코치를 해 주는 것은 좋지 않다. 당장의 진행 속도가 빨라질 순 있어도 결국 아이의 지능 발달에는 아무런 도움이 되지 않는다. 게다가 누군가에게 손쉽게 아이디어를 얻는 게 습관이 되면 의존적인 학습 태도를 갖게 될 가능성도 있다.

가장 좋은 방법은 아이 스스로 세는 요령을 터득할 때까지 참고 기다려 주는 것이다. 어떻게 세어야 좋을까 아이 스스로 생각하게 하자. 스스로 수를 세는 전략을 생각하게 하는 것이 매우 중요하다. 기다려 주는 부모가 스스로 생각하는 아이로 키울 수 있다.

일정한 수를 다양하게 표현하게 한다

아이가 수를 세는 데 웬만큼 익숙해졌다 싶으면 일정한 수를 여러 방법으로 표현할 기회를 주자. 예를 들면 "다섯을 손가락으로 나타내 볼까?" 하고 말한 다음, 아이가 다섯 손가락을 쫙 펴면 "그래, 다섯 개가 맞구나. 그런데 다른 방법은 없을까?" 하고 다양한 방법을 생각해 보도록 유도한다. 왼손 손가락 두 개와 오른손 손가락 세 개를 펴도 다섯이고, 왼손 손가락 한 개와 오른손 손가락 네 개를 펴도 다섯이라는 걸 안다면 기본적인 수 개념, 즉 수의 보존 개념이 확실하게 생겼다고 봐도 좋다.

측정 도구는
수 개념 키워 주는 요술 방망이

이제는 "세어 봐." 하지 말고 "측정해 봐." 할 차례

몇 해 전 가을, 대하도 맛보고 갯마을 정취도 느껴 볼 겸 서해안 남당리에 갔다. 마침 대하 축제 기간이라 아이와 함께 온 관광객이 유난히 많았는데, 그중에서도 유독 장난기 많은 대여섯 살가량의 아이 하나가 눈길을 끌었다. 신기한 듯 여기저기 두리번거리던 아이가 바다 쪽을 바라보더니 아빠를 향해 외쳤다. "와, 아빠! 배가 많다." 그 순간 아이 아빠의 입에서 튀어나온 말은 내 예상을 빗나가지 않았다. "그럼 한번 세어 봐." 이런! 어째서 "너랑 가장 가까이 있는 배는 어떤 거야?" "어느 배가 가장 크니?" 하고 묻지 않는 것일까?

일상에서 셀 기회를 많이 주는 건 좋은 일이다. 그런데 단지 그뿐이라면 곤란하다. 많은 부모가 몇 개인지 묻는 것만으

130

로 수 개념을 키워 줄 수 있다고 생각한다. '수 개념'을 '수 세기와 계산'으로 오해하고 있기 때문이다. 하지만 수 개념은 길이, 넓이, 부피, 무게 등의 크고 작음을 비교하는 과정을 통해 더욱 깊게 이해된다. 따라서 모두 몇 개냐는 질문만으로는 부족하다. 더 풍부한 자극을 줘야 수 개념을 키울 수 있다.

어릴 때부터 사물을 측정해 볼 기회를 주면 많은 도움이 된다. 집 안에 체중계, 저울, 온습도계, 들이나 부피가 다른 여러 개의 통 등 다양한 측정 도구를 구비해 두고 아이에게 마음껏 다뤄 보게 하는 것이다. 아이들은 이 과정을 통해 길이나 넓이, 무게, 부피나 들이 등의 개념을 자연스레 형성한다.

한 초등학교 1학년 선생님이 자기 반 교실에 저울을 갖다 두었다. 단지 갖다 두었을 뿐, 아이들에게 뭘 해 보라고 지시하지는 않았다. 아이들은 쉬는 시간마다 저울 주변에 모여들어 소지품의 무게를 재 보았다. 무게를 알아맞히는 시합을 하는 아이들까지 생겨났다. 몇 달 후 이 반 아이들을 대상으로 수를 이용한 측정 능력을 검사해 보았더니, 초등학교 3학년 아이들과 비슷한 수준이라는 결과가 나왔다. 저울 하나의 힘은 이렇게 대단하다!

아이에게 측정을 경험시킬 때 몇 가지 유의할 사항이 있다. 첫째, 측정 도구는 눈금이 아라비아 숫자로 표기된 아날로그로 준비한다. 그렇다고 숫자를 꼭 알아야만 측정할 수 있는 건 아니다. 어떤 물건의 들이나 길이를 측정하는 과정은 수를 통한 양의 크기를 체득하는 데 목적이 있기 때문이다.

둘째, 단위는 정확하게 발음해 주어야 한다. 흔히 cm는 '센티'로, ml는 '밀리'로, kg은 '킬로'로 줄여 읽곤 하는데, 아이 앞에서만큼은 정확하게 '센티미터' '밀리리터' '킬로그램'으로 이야기해야 한다. 측정 결과에 대해서도 "몸무게가 몇이니?" 할 게 아니라, "몸무게가 몇 킬로그램이니?" 하고 정확하게 묻는 게 좋다. 단위 표기를 서둘러 가르칠 필요는 없다. 아이가 저울에 적힌 'kg'이라는 표기를 보고 "이게 뭐야?" 하고 호기심을 보이면, "응, 네 몸무게를 읽어 줄 때 '킬로그램'을 붙였지? 그걸 이렇게 쓰는 거야." 하고 설명해 주면 된다.

셋째, 눈금은 정확하게 읽지 않아도 된다. 예를 들어 몸무게를 잴 때 눈금이 13.7킬로그램을 가리킨다면, 14킬로그램이 조금 안 되는구나." 또는 "14킬로그램에 가깝구나." 하고 읽어 준다. 키가 92.3센티미터일 경우에도 "92센티미터가 조금 넘네." 하고 말해 주면 된다. 눈금을 정확하게 읽지 않는 이유에 대해서는 뒤에서 자세히 설명하겠다.

넷째, 측정 도구들은 순차적이 아니라 한꺼번에 제공하는 게 효과적이다. 특히 저울과 시계는 같은 시기에 함께 제공하면 시너지 효과를 일으켜 수 개념 형성에 큰 도움을 준다. 저울과 시계에 대한 흥미는 자동차 계기판으로 이어지는 경우가 많다. 딸아이도 저울과 시계 눈금 읽는 일에 한창 재미를 느끼기 시작하면서 자동차 계기판에 부쩍 관심을 보였다. 운전하는 동안 계속해서 운전석을 기웃거리면서 "아빠, 이건 뭐야?" 하고 호기심을 나타냈다. 이때 "넌 몰라도 돼." "운전하는

데 방해되니 가만히 좀 있어." 하고 대답하지 않길 바란다. 아이가 완벽하게 이해하지 못할지라도 성심성의껏 설명해 주는 게 좋다. "이건 자동차의 빠르기를 표시하는 기계야. 바늘이 60을 가리키면 한 시간 동안 60킬로미터를 갈 수 있는 빠르기라는 뜻이지."와 같이 이야기해 준다.

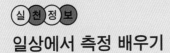

일상에서 측정 배우기

목욕을 마치면 체중계 위로

측정을 하기 위해 따로 시간을 낼 필요는 없다. 병원 대기실에는 으레 키 재기 자와 체중계가 있고, 시장에 가면 저울이 있다. 언제 어디서든 측정 도구가 눈에 띌 때마다 아이에게 기회를 주면 된다. 다른 학습과 마찬가지로 측정 역시 일상적이고 자연스럽게 하는 게 가장 효과적이다. 예를 들어 목욕을 한 다음 아이가 곧바로 몸무게와 키를 재도록 하는 것도 좋은 방법이다. 키와 몸무게 변화를 그래프나 표로 그려 벽에 붙여 놓으면 더욱 좋다.

줄자를 이용하여 둘레 재 보기

다들 거리나 길이를 잴 생각은 해도, 둘레는 간과하기 쉽다. 줄자를 이용하여 아이의 신체 곳곳의 둘레를 재 보는 것도 꽤 흥미로운 경험이 될 수 있다. "머리둘레 한번 재 보자. 또 어디 둘레를 재 볼까?" 손목, 발목, 종아리, 가슴 등 줄자로 잴 수 있는 신체 부위를 아이에게 직접 꼽아 보게 한다.

주방용 저울 이용하여 게임하기

너무 가벼워 체중계로 무게를 달기 어려운 물건들도 꽤 있다. 이럴 때는 주방용 저울이 도움이 된다. 인형이나 블록 등 아이가 관심을 갖고 있는 물건이면 무엇이라도 간단하게 무게를 잴 수 있다. 밀가루 반죽이나 찰흙의 무게를 눈어림해 보고 실제 무게를 저울로 알아보기, 두 물건 중 어느 것이 더 무거울지 가늠해 보고 저울로 확인해 보기 등의 게임을 하면 재미있다.

키를 재더라도 다양한 방법으로

아이의 키를 잴 때 반드시 자만 이용하란 법은 없다. 엄마 손으로 몇 뼘이나 되는지, 아빠 손으로 재는 경우는 어떤지, 연필로 재면 몇 개만큼인지 꼽아 보고 자로 잰 결과와 비교한다. 그리고 가장 정확한 방법은 무엇인지, 왜 그런지 아이와 함께 이야기를 나누어 본다.

아침에 일어나 온습도계 보기

아이가 있는 가정이라면 하나쯤 있게 마련인 온습도계도 아이의 호기심을 자극하는 측정 도구다. 아이 눈높이에 맞는 위치에 온습도계를 달아 두고, 매일 아침 온도와 습도를 알아보게 하면 좋다. 특히 원 모양의 온습도계는 시계와 비슷하게 생겨 아이들이 더욱 재미있어 한다. 시계와 저울 읽기를 연습시킬 때 동시에 사용하면 좋은 도구다.

다양한 크기의 컵에 물 부어 보기

물이 담긴 컵을 아이에게 보여 준 다음, 크기가 다른 컵 하나를 꺼내 주고 "이 컵에 담긴 물을 여기에 따르면 넘칠까, 안 넘칠까?" 하고 물어본다. 아이가 우유나 요구르트를 마실 때도 컵 하나를 기준으로 분량이 넘칠지 아닐지 가늠해 보게 한다. 이 경험은 추후 들이에 대한 보존 개념을 형성하는데 도움이 된다.

시계 보는 법,
안 가르쳐야 성공한다

아이가 9시를 알아본 비밀은?

딸아이가 만 2세 정도 되었을 무렵이다. 신체 조절 능력이 생기고 호기심이 부쩍 커져서인지 밤이 되어도 도무지 잠을 자려 하지 않았다. 밤이 깊어갈수록 오히려 눈이 말똥말똥해져서는 놀아 달라고 졸라 대기 일쑤였다.

아이의 생활 습관이 '올빼미형'이 되어 가는 꼴을 보다 못해 나는 특단의 조치를 취하기로 마음먹었다. 매일 밤 9시가 되면 집 안의 전등을 모두 끄고는 아이와 함께 잠자리에 들기로 한 것이다. 시계를 손으로 가리키며 "9시다. 이제 잘 시간이네." 하는 게 신호였다. 처음에는 완강히 거부하던 아이도 매일 밤 이런 일이 되풀이되자 곧 고집을 꺾었다. 이후 우리 집에서는 밤 9시만 되면 시계를 가리키며 "9시다." 하고 불을

140

끄는 게 일종의 '잠자리 의식'으로 자리 잡았다. 덕분에 아이의 수면 시간은 정확하게 밤 9시로 고정되었다. 외출을 해서도 이 시간이 되면 픽 쓰러져 곯아떨어지는 바람에 업고 돌아와야 할 정도였다.

몇 달이 지나자 나는 이 '잠자리 의식'에서 기대하지도 않았던 성과를 발견하였다. 여느 때처럼 "9시다." 하고는 이부자리를 펴는데, 아이가 시계를 가리키며 고개를 가로젓는 것이었다. "9시 아니야." 시계를 다시 보니, 과연 아이의 말이 맞았다. 9시가 되려면 2, 3분 정도 더 있어야 하는 시각이었다. '어라? 이 녀석이 벌써 시계를 볼 줄 아나? 그럴 리가, 아직 숫자도 읽지 못하는데……' 잠자리에 들기 싫어 그냥 한번 해 본 말일 가능성이 컸다.

다음 날, 일부러 9시가 되기 5분 전에 시계를 가리키며 "9시다." 하고 말해 보았다. 그런데 이번에도 고개를 저으며 "9시 아니야." 하는 것이었다. "9시 아니면 몇 시야?" 그랬더니 "몰라." 하는 대답이 돌아왔다. 몇 시인지는 잘 모르겠지만 아무튼 9시가 아니라는 이야기다.

내가 어릴 때만 해도 한글 공부는 으레 '기역, 니은, 디귿' '가, 나, 다'로 시작해야 하는 걸로 알았다. 그런데 요즘에는 그런 식으로 가르치지 않는다. '엄마' '아빠' '우유' 등 통문자부터 가르친다. 그런데 아이가 이런 통문자를 받아들이는 과정이 재미있다. 마치 머릿속으로 사진을 찍는 것처럼 통째로 그 모양을 왼다는 것이다. 그래서 처음 한글을 배우는 아이들은 '우유'와 '두유'처럼 그 형태가 비슷한 글자는 잘 구별하지 못한다. 그러다가 사물을 변별하는 능력이 어느 정도 자라면 'ㅇ'과 'ㄷ'의 형태가 다르다는 것을 알아채고 '우유'와 '두유'를 다른 글자로 인식하기 시작한다.

딸아이가 9시가 아니라는 걸 알아챈 것도 한글을 통째로 외는 아이들의 특성에 비추어 볼 수 있지 않을까. 매일 밤 9시에 반복해서 시계를 봤으니 9시를 가리키는 시계 모양을 통째로 외기가 그리 어렵지는 않았을 것이다. 그 이후로 나는 시계 보는 법 역시 한글과 비슷한 원리로 가르쳐야 하는 게 아닐까 하고 생각하기 시작했다. 더불어 시계 보는 법을 굳이 가르치지 않아도 아이 스스로 시계 보는 방법을 터득할 수 있을 것이라는 확신도 생겼다.

시시때때로 시각을 일러 주되, 방법은 가르치지 마라

'큰 바늘은 분을, 작은 바늘은 시를 가리키는데, 큰 바늘이 1에 오면 5분이라고 읽고……'라는 식의 설명은 한글 교육에서 자음과 모음을 순서대로 외게 하는 것과 같다. 그보다는 낱말 카드나 그림책을 읽어 주는 기분으로, 틈날 때마다 시계를 가리키며 시각을 말해 주는 게 더 효과적이다.

그런데 문제는 시계 보기가 그림책 읽는 것만큼 재미있지 않다는 데 있다. 시계에 관심을 갖게 하려면 무턱대고 시각만 말해 줄 게 아니라, 시계 보기를 아이의 일상 속에 자연스레 끌어들여야 한다. 시계를 가리키면서 "자, 일어나야지. 벌써 7시 30분이야." "3시네. 간식 먹을 시간이다!" "7시가 다 됐구나. 조금 있으면 아빠가 퇴근하시겠네." 하고 이야기해 주면서 시계에 관심을 갖도록 유도할 수 있다.

숫자를 익힌 이후에는 의도적으로 매시 정각에 시계를 가리키며 시각을 알려 줄 필요가 있다. 이때 역시 "시계 좀 봐라. 지금이 저녁 7시야." 하고 시각만 이야기해 준다. 큰 바늘이 12를, 작은 바늘이 7을 가리킬 때는 7시라고 읽는 것이라는 설명은 일절 하지 않는 게 좋다.

아이 눈에 매시 정각을 가리키는 시계 모양이 익숙해졌다 싶으면 그다음에는 일부러 정각이 아닌 시각에 시계를 보게 한다. 예를 들어 8시 5분에 시계를 가리키며 "8시구나." 하고 말해 보는 것이다. 아이가 별 반응을 보이지 않는다면? 당분간 매시 정각에 시계 보기를 되풀이해야 한다. 하지만 "8시 아니야." 또는 "8시 넘었어." 한다면 큰 바늘의 움직임에 관심을 갖고 있다는 뜻이다. 이럴 때는 "그러네, 8시 5분이구나." 하고 제대로 읽어 준다.

이후에는 부모가 얼마나 자주 시각을 물어보느냐에 성공 여부가 달려 있다. 틈날 때마다 지금 몇 시냐고 물어본 다음, "응, 7시 49분이구나." 하고 시계를 읽어 준다. 큰 바늘이 1에 오면 5분, 2에 오면 10분, 이런 식으로 가르칠 필요는 없다. 꾸준히 시각을 일러 주기만 하는 것이 훨씬 효과적이다. 딸아이도 이런 방법을 통해 스스로 시계 보는 법을 깨쳤다. 그때가 만 5세 무렵이었다.

내가 몸담고 있는 수학학회 회원 중에는 초등학교 선생님들이 많다. 그중 한 선생님이 아이들에게 시계 보는 법을 가르칠 좋은 방법이 없을까 고민하기에 이렇게 조언해 주었다. "아라비아숫자로 쓴 커다란 시계를 칠판 옆에 달아 두고 시시때때로 아이들에게 몇 시인지 물어보세요. 단, 시계 보는 법은 절대 가르치지 마세요."

그날 이후 그 선생님은 갓 초등학교에 입학한 아이들에게 생각날 때마다 시계를 가리키면서 "얘들아, 지금 몇 시니?" 하고 물었다. 물론 아이들은 대답하지 못했다. 그러면 선생님은 혼잣말처럼 "응, 11시 20분이구나." 하고는 다시 수업을 진행했다. 이러기를 석 달 동안 되풀이했더니, 놀랄 만한 결과가 나타났다. 거의 모든 아이들이 1분 단위로 정확하게 시계를 볼 수 있게 된 것이다. 반에서 가장 늦된 아이도 5월 하순이 되니 완벽하게 시계를 볼 줄 알게 되었다.

사실 시계 보기는 아이들이 매우 어려워하는 부분 가운데 하나다. 요즘 아이들의 상당수가 한글은 물론이고 구구단까지 떼고 초등학교에 입학하는데, 시계 보는 법만큼은 수학 시간을 통해 배우는 경우가 많다. 그만큼 시계 보는 법을 가르치기가 어렵다는 뜻이다.

그런데 의외로 간단하고도 쉬운 해결책이 있는 게 아닌가. 시계는 읽어 주되, 그 방법을 가르치지는 않는 것! 티저 광고처럼 아이들의 호기심을 잔뜩 자극하는 방법이다. '바늘은 분

144

명 1에 가 있는데, 왜 5분이라고 읽는 걸까.' '바늘은 11에 더 가까운데, 왜 11시가 아니라 10시라고 하는 걸까.' 바로 여기에 시계 보기와 수학적 사고의 교점이 생긴다. 아이들이 '왜?' 라는 의문을 갖고 스스로 생각하도록 만들기 때문이다.

사실 하루에도 몇 번씩 "지금 몇 시지?" 하고 물어본다는 게 생각만큼 쉽지는 않다. 수십 번은 더 물어본 것 같은데도 멍한 표정만 짓고 있는 아이를 보면 머리를 한 대 쥐어박거나, 책상머리에 앉혀 놓고 본격적으로 시계 보는 법을 가르치고 싶다는 욕망이 고개를 들기도 할 것이다. 그래도 아이를 믿고 기다려 볼 일이다. 시계야 때가 되면 누구나 다 읽을 수 있는 것이고, 보다 중요한 것은 생각할 기회를 주는 것이다.

스스로 시계 보는 법
깨치기 5단계

1단계, 시계와 아이의 일상을 연결 짓기

아이의 하루 일과를 시간과 연관시켜 이야기해 준다. "시계 좀 봐. 벌써 7시네. 일어날 시간이야." "8시 30분이야. 아침 먹을 시간이다." "3시구나. 놀이터에 나가서 놀까?" "8시야. 이제 씻고 잘 준비해야지?" "9시구나, 잘 시간이야." 아이의 일과를 챙겨 주면서 그때마다 시계를 가리키며 시각을 읽어 주자. 규칙적인 생활 습관을 기르고 시계도 보게 하니 그야말로 일석이조다.

2단계, 매시 정각에 시계 보기

아이가 숫자를 익힌 후라면 의도적으로 매시 정각에 시계를 보게 한다. "시계 좀 봐라. 6시네." "지금 몇 시야? 아, 8시구나." 왜 6시, 8시로 읽는지 설명하지 말고 그냥 시각만 읽어주는 게 중요하다. 아이 스스로 정각을 가리키는 시계 모양을 익힐 수 있도록 한다.

3단계, 테스트! 일부러 틀린 시각 말하기

아이가 정각을 가리키는 시계 모양을 웬만큼 눈에 익혔다 싶으면 이번에는 정각이 넘은 시각이나 조금 못 미치는 시각에 시치미를 뚝 떼고 "시계 좀 봐, 지금이 8시지?" 하고 말해 본다. 아이가 잘못 읽었다고 지적하면 그다음 단계로 통과! 별 반응을 안 보인다면 매시 정각에 시계 보기를 되풀이한다.

4단계, 시시때때로 시간 물어보기

틈날 때마다 아이에게 "지금 몇 시지?" 하고 물어본다. 물론 아이가 알 턱이 없다. 대답은 부모가 해야 한다. 엄마 아빠가 얼마나 끈기 있게, 계속해서 시간을 묻느냐가 성공의 관건이다. 차라리 학습지를 펼쳐 시계 보는 법을 가르치는 게 낫겠다고 생각할 수도 있다. 하지만 시계 보기, 그 자체보다 수학적 사고력을 키우는 게 더 중요하다는 사실을 잊지 말자. 아이 스스로 머리를 굴려 시계 보는 법을 깨치도록 하는 게 목표다. 가르치려 들지 말고, 짜증 내지도 말고 "지금 몇 시니?"라고 묻고 또 물어라.

5단계, 몇 분 후라는 표현 쓰기

아이가 웬만큼 시계를 보게 되었다면 의식적으로 '몇 분 후, 몇 시간 후'라는 표현을 자주 쓰는 게 좋다. 엄마나 아빠가 몇 시에 오냐고 아이가 물으면 "8시."라고 하지 않고 "한 시간 후."라고 대답하는 것이다. 외출을 앞두고 있다면 "우리, 30분 후에 나갈 거야. 지금 몇 시지?" 하고 물어본다. 아이가 "11시." 하고 대답하면 "그렇구나. 그럼 우린 몇 시에 나가지?" 하고 다시 묻는다. 아이가 눈금을 헤아리며 11시 30분이라는 해답을 얻기까지 절대 가르치려 해서는 안 된다. 몇 분 후에 나갈 예정이고, 그럼 몇 시에 나가게 되느냐는 질문만 계속하면서 기다려 주는 게 좋다.

시행착오 많이 해야
보존 개념도 빨리 깨닫는다

아이들의 세계에는 보존 개념이 없다

'조삼모사(朝三暮四)'라는 말이 있다. 송나라 때 저공이라는 사람이 원숭이들을 기르며 살고 있었는데, 그만 가세가 기울고 말았다. 할 수 없이 원숭이들에게 도토리를 아침에 세개, 저녁에 네 개 주겠다고 했더니, 원숭이들이 화를 냈다. 그래서 이번에는 아침에 네 개, 저녁에 세 개 주겠다고 했더니, 원숭이들이 모두 기뻐했다고 한다.

원숭이들이 저공의 꾀에 넘어간 이유는 무엇일까? 원숭이들에게는 보존 개념이 없기 때문이다. 보존 개념이란 어떤 대상의 외양이 바뀌어도 그 양적 속성이나 실체는 바뀌지 않는다는 사실을 말한다. 수나 길이, 넓이, 무게, 부피나 들이 등은 더하거나 빼지 않는 한, 순서나 형태가 바뀌어도 변하지 않는다. 예를 들어 공깃돌 다섯 개를 1센티미터 간격으로 늘어놓든, 5센티미터 간격으로 늘어놓든 그 수가 다섯 개라는 사실에는 변함이 없다. 150그램의 찰흙으로 구 모양을 빚든, 납작한 쟁반 모양을 빚든 그 무게는 여전히 150그램이다. '조삼모사'의 원숭이들에게는 바로 이런 개념이 없었다. 보존 개념이 있었다면 저공의 두 가지 제안이 모두 하루에 도토리 일곱 개를 주겠다는 뜻이라는 걸 금세 알아챘을 것이다.

아이들 역시 보존 개념을 갖기 전까지는 어떤 대상의 형태나 순서가 바뀌면 수나 길이, 넓이, 무게, 부피나 들이 등도 달라진다고 생각한다. 얼마 전 전철 안에서 만났던 다섯 살짜리 아이도 그랬다. 몇 살이냐고 물었더니, "다섯 살" 하면서 오른손 손가락 다섯 개를 짝 펴기에, "이렇게?" 하면서 내 왼손 손가락 한 개와 오른손 손가락 네 개를 펴서 보여 주었다. 아이는 고개를 저으며 아니라고 하였다. 그래서 왼손 손가락 두 개와 오른손 손가락 세 개를 펴 보이면서 또 "이렇게?" 하고 물었다. 이번에도 역시 아이는 고개를 가로저으며 아니라고 대답했다. 이쯤 되자 아이의 엄마가 보다 못해 소리쳤다. "이 바보야, 한번 세어 봐. 다섯이 맞잖아." 저런! 아이가 똑똑하지 못하다거나 부주의해서가 아닌데, 애꿎게 아이만 야단을 맞고 말았다. 아이는 수에 대한 보존 개념이 없었을 뿐이다.

보존 개념은 양의 불변성, 즉 양(量)의 크기가 변하지 않음을 인식하는 수학적 개념의 기초다. 보존 개념 없이는 측정량에 대한 계산을 할 수 없다. 생각해 보자. 어떤 대상의 양적 속

성이나 실체가 형체나 순서의 변화에 따라 시시때때로 달라
진다면 양의 크기에 대한 계산을 할 수 있을까? 더하기, 빼기
조차 불가능하다.

그렇다고 가르쳐서 될 게 아니다. "어떤 대상의 수나 무게,
들이 같은 양의 크기는 더하거나 빼지 않는 이상 절대 변하지
않는단다."라고 백번 설명해 줘도 아이들은 이해하지 못한다.
아이 스스로 깨치는 수밖에 없다. 그렇다면 보존 개념을 스스
로 깨치게 하려면 어떻게 해야 할까?

만 4세부터 한꺼번에 자극을 줘라

유아들에게는 보존 개념이 발달하지 않았다는 사실을 처
음 발견한 사람은 장 피아제(Jean Piaget)였다. 어쩌다 보니
젊은 부모들에게는 전집 교구 이름으로 더 잘 알려지게 되었
지만, 사실 그는 인간의 지식이나 지능이 어떻게 얻어지는가
에 대한 연구에 전 생애를 바친 아동 발달 심리학자였다. 그
의 이론은 유아 교육 전반에 커다란 영향을 미쳤는데, 특히
유아기의 수학적 사고력에 관한 구체적인 이론을 제시한 것
으로 유명하다.

피아제에 따르면 수에 대한 보존 개념은 만 6, 7세, 길이는
만 8세, 무게는 만 9세, 들이는 만 10세나 되어야 발달하기 시
작한다. 발달 속도의 개인차가 있을 수 있어도 순서를 거스르
거나 뛰어넘을 수는 없다.

하지만 오늘날에는 연령에 따라 단계적으로 인지 발달이 이루어진다는 피아제 이론에 반대하는 이론도 있다. 나 역시 인지 발달은 연령이 아니라 일상적인 경험에 따라 달라진다고 생각한다. 보존 개념도 연령별로 순차적으로 발달하는 게 아니라 적절한 환경만 주어지면 한꺼번에 상승효과를 일으키며 발달한다고 믿는다.

따라서 수에 대한 보존 개념이든 들이에 대한 보존 개념이든 만 4세 정도가 되면 동시에 자극을 주기 시작하는 게 좋다. 앞서 아이들에게 일찍부터 측정 도구들을 사용할 기회를 주라고 말한 것도 이런 맥락에서다. 수, 길이, 무게, 들이 등을 측정하면서 자연스레 보존 개념을 깨치는 효과를 얻을 수 있기 때문이다.

딸아이가 만 4세 반 정도 되었을 때의 일이다. 딸아이와 우유를 마시다가, 갑자기 딸아이가 들이에 대한 보존 개념을 갖고 있는지 궁금해졌다. 즉시 실험에 돌입했다. 우선 200밀리리터 우유 두 팩을 크기가 같은 날씬한 모양의 두 컵에 각각 따라 우유의 양이 서로 같다는 것을 보여 주었다. 그런 다음 한 컵에 담긴 우유를 넓고 납작한 컵에 옮겨 따른 다음 더 많은 쪽의 우유를 마시라고 했다.

아이는 제법 심각한 표정으로 날씬한 컵과 넓고 납작한 컵을 살펴보기 시작했다. 아이들이란 '더 많은 음식'에 민감하게 마련이라, "더 많은 쪽을 먹어라."라는 말처럼 동기 유발에 좋은 말은 없다. 아이는 날씬한 컵에 담긴 우유를 골랐다. 날씬한 컵에 담긴 우유가 더 높아 보이니 양도 더 많을 거라고 생각했던 것이다. 아이가 아직 보존 개념을 깨치지 못했다는 증거였다. 이번에는 납작한 컵에 담긴 우유를 원래대로 날씬한 컵에 옮겨 담았다. 다시 어느 쪽이 더 많냐고 물었더니, 아이는 똑같다고 했다.

하지만 날씬한 컵에서 다시 납작한 컵으로 옮겨 따르니 역시 날씬한 컵의 우유가 더 많다고 대답했다.

다음 날도, 그다음 날도 같은 '실험'을 했지만, 결과는 마찬가지였다. 아이는 무조건 우유의 높이만 보고 날씬한 컵에 담긴 걸 선택했다. 그런데 그렇게 며칠이 흐르자, 이게 아니다 싶었나 보다. 하루는 날씬한 컵과 납작한 컵을 번갈아 바라보며 한참을 고민하더니, 두 개가 똑같다고 하는 것이었다. 왜 그렇게 생각하냐고 물었더니, "여기(납작한 컵을 가리키며)에 따르기 전에 보니까 두 개가 서로 똑같았어."라고 말했다. 드디어 아이가 어떤 컵에 따르는 우유의 양에는 변함이 없다는 사실, 즉 들이에 대한 보존 개념을 깨친 것이었다.

무게에 대한 보존 개념은 그로부터 몇 달 뒤부터 질문하기 시작했다. 당시 우리 가족은 이슬이라는 강아지 한 마리를 키우고 있었다. 어느 날 저녁, 목욕을 마치고 몸무게를 재는 딸아이에게 "이슬이 몸무게는 몇 킬로그램이니?" 하고 물어보았다. 딸아이는 이슬이를 냉큼 안더니 저울에 올려놓았다. 이슬이는 딸아이가 저울의 눈금을 채 읽기도 전에 저울에서 쪼르르 내려오고 말았다. 이슬이를 다시 저울에 올려놓았지만 마찬가지였다.

딸아이는 이슬이가 도망가지 못하도록 바구니나 상자에 담아 무게를 잴 생각은 하지 못했다. 이슬이 혼자 저울에 올려놓든, 바구니나 상자에 담아 올려놓든 이슬이 자체의 몸무게에는 변화가 없다는 사실을 알지 못했기 때문이다. 만일 딸아이가 무게에 대한 보존 개념을 깨쳤다면 보다 쉽게 이슬이의 몸무게를 잴 수 있었을 것이다.

'이슬이 몸무게 재기 작전'에서 딸은 2개월 동안 같은 실수를 되풀이했다. 내가 "이슬이 몸무게는 몇 킬로그램이니?" 하고 물을 때마다 이슬이를 저울에 올려놓으려고 시도했고, 이슬이가 도망가는 바람에 번번이 눈금을 읽는 데 실패했다.

그런데 만 5세 무렵, 드디어 이슬이의 몸무게를 재는 데 성공했다. 딸아이는 일단 이슬이를 안고 저울에 올라가 무게를 잰 다음, 이슬이를 내려놓고 자신의 몸무게를 쟀다. 그러고는 처음 무게에서 나중 무게를 빼서 이슬이의 몸무게가 몇 킬로그램인지 답을 구한 것이다.(당시 딸아이는 두 자릿수 덧셈과 뺄셈을 할 줄 알았다.)

이것은 대단한 발견이었다. 어떤 힌트도 주지 않았는데 스스로 이런 아이디어를 생각했다는 게 무척 대견스러웠다. 더불어 아이가 무게에 대한 보존 개념을 확실히 깨닫고 있다는 사실도 확인할 수 있었다. 아이와 이슬이가 함께 저울에 올라가든, 각각 따로 올라가든 이슬이의 몸무게는 변하지 않는다는 사실을 알아야만 이 방법을 활용할 수 있기 때문이다.

딸아이가 보존 개념을 하나하나 깨치는 동안 가르치려 하거나 야단친 적은 없다. 대신 틈날 때마다 이슬이의 몸무게가 얼마냐고 물어보았다. 그리고 딸아이의 수없이 되풀이되는 시행착오를 옆에서 참을성 있게 지켜보았다.

시행착오의 경험이 많을수록 보존 개념도 빨리 깨친다. 만일 이런 시행착오의 기회를 아예 주지 않았다면 어땠을까? 기회를 주었더라도 "아유, 너 바보 아니니? 어떻게 이걸 몰라!" 하고 핀잔을 주거나 야단을 쳤다면 어땠을까? 언젠가는 보존 개념을 깨치기는 했을 것이다. 하지만 시행착오의 기회를 주고 오래 기다려 줬을 때보다 빨리 깨치지는 못했을 것이다. '자극은 되도록 일찍부터 주어라. 단, 서두르지 마라. 가르치거나 야단치는 대신 아이를 믿고 기다려 주어라.' 내가 앞에서 누누이 강조했던 이 원칙은 보존 개념 깨치기에서도 여전히 유효하다.

일상에서 보존 개념 배우기

수에 대한 보존 개념

수에 대한 보존 개념은 다른 보존 개념에 비해 비교적 일찍 깨친다. 수 세기를 할 줄 아는 아이라면 수에 대한 보존 개념을 어느 정도 갖고 있다고 볼 수 있다. 아이가 수에 대한 보존 개념이 있는지 확인하고 싶다면? 블록이나 공깃돌, 돌멩이, 단추 등 아이에게 친숙한 물건을 골라 같은 수만큼 두 줄로 배열하되, 간격을 다르게 한 다음 "어느 쪽이 더 많을까?" 하고 물어보라. 보존 개념이 있는 아이라면 똑같다고 하겠지만, 그렇지 않은 아이라면 길게 늘어선 쪽이 더 많다고 대답할 것이다. 만일 아이가 길이가 긴 쪽을 선택했다면 "함께 세어 볼까? 하나, 둘, 셋. 둘 다 세 개네." 하면서 아이가 자연스레 자신의 실수를 깨달을 기회를 준다.

158

길이에 대한 보존 개념

아이들이 미술 재료로 많이 사용하는, 철사에 털이 감긴 모루를 이용하여 길이에 대한 보존 개념을 익히도록 해 보자. 똑같은 길이의 모루 두 개를 준비한다. 길이가 같다는 것을 대보면서 확인한 다음, 하나는 곧게 펴 두고 다른 하나는 구부린다. 그런 다음 아이에게 "어떤 게 더 길까?" 하고 물어본다. 길이에 대한 보존 개념이 없는 아이는 곧게 편 모루가 더 길다고 대답한다. 이번에는 구부렸던 모루를 곧게 편 다음, 다시 그 길이를 비교하게 한다. 아이가 같은 길이라는 것을 확인했으면 이 과정을 처음부터 다시 반복한다. 모루 외에도 털실이나 줄넘기 등 아이가 관심을 갖고 있는 물건은 어느 것이든 활용할 수 있다.

넓이에 대한 보존 개념

똑같은 크기의 정사각형 모양 색종이 두 장을 준비한다. 두 색종이를 겹쳐 보면서 색종이의 크기가 같다는 것을 아이에게 보여 준다. 하나는 반으로 잘라서 직사각형 모양으로 이어 붙인 후, 색종이 두 개 중 "어느 것이 더 커?" 하고 물어본다. 처음에는 길이가 긴 직사각형 모양의 색종이가 더 크다고 답할 수 있다. 두 개의 크기가 같다는 답을 얻을 때까지 똑같은 실험을 여러 번 반복한다. 모양을 변화시켜도 크기가 변하지 않고 같다는 사실을 아이 스스로 터득할 때까지 참고 기다리는 것이 중요하다. 똑같다는 것을 알아채고 아이가 "똑같다!"라는 말을 하면 칭찬을 해 준다. "와! 그것을 어떻게 알았어?" 하면서 아이의 설명을 듣는 과정 또한 꼭 필요하다.

색종이 하나를 오린 뒤 이어 붙여 놓아 다른 모양으로 변화시켜도 크기는 변하지 않는다는 사실을 깨닫는다면 대단한 발전이다. 한 번에 알아내지 못해도 괜찮다. 억지로 가르치지 않는 것이 중요하다.

무게에 대한 보존 개념

문방구에서 같은 무게의 찰흙 두 개를 구입해서 아이와 함께 주방용 저울로 무게를 재 본다. 두 찰흙의 무게가 같다는 것을 확인한다. 그런 다음, 하나는 둥글게, 다른 하나는 뱀처럼 길게 빚어 "둘 중에 어떤 것이 더 무거울까?" 하고 물어본다. 아이가 길게 빚은 찰흙을 가리킨다면 다시 한번 저울에 달아 둘의 무게가 같다는 사실을 확인한다.

인형을 이용할 수도 있다. 인형을 앉혀 놓았을 때, 눕혀 놓았을 때, 세워 놓았을 때 각각의 무게에 변함이 없다는 사실을 직접 확인하도록 도와준다.

부피나 들이에 대한 보존 개념

찰흙을 이용한 방법으로 부피나 들이에 대한 보존 개념도 깨치게 할 수 있다. 무게를 묻는 대신 "어떤 게 더 많을까?" 하고 물으면 된다. 대부분의 아이들은 공 모양 찰흙보다 길게 빚은 찰흙이 더 많다고 대답한다. 그러면 길게 빚은 찰흙을 공 모양으로 빚어 둘을 비교하도록 한다. 이런 과정을 반복하면서 찰흙은 모양이 바뀌어도 그 양이 변하지 않는다는 것을 깨닫게 한다.

모양과 크기가 똑같은 블록으로 쌓기 놀이를 할 수도 있다. 블록 열여섯 조각으로 같은 모양의 블록 두 개를 쌓는다. 어떤 쪽의 블록이 더 많은지 물어본 뒤 개수가 똑같음을 확인한다. 한쪽의 블록 모양을 바꾼 뒤 어떤 쪽의 블록이 더 많은지 물어본다. 쌓은 블록의 개수를 알아보는 것은 부피에 대한 경험을 쌓는 초기 단계이다. 넓이에 대한 보존 개념 형성과 같은 과정을 거친다.

우유나 주스, 물 등의 액체 역시 재미있는 도구로 활용할 수 있다. 모양과 크기가 같은 우유 두 팩을 모양과 크기가 같은 두 개의 유리컵에 각각 따른 다음 어느 컵의 우유가 더 많은지 물어보자. 아이들은 컵의 높이를 눈으로 비교하며 서로 같음을 쉽게 안다. 다음은 아이가 보는 앞에서 컵 한 개에 든 우유를 모양과 크기가 다른 컵에 쏟아붓는다. 아이에게 '어느 쪽의 우유가 더 많니?' 하고 물어보자. 긴 컵의 우유가 더 많다고 대답하면 모양과 크기가 다른 컵에 있는 우유를 원래의 컵에 다시 붓고 아이에게 같은 질문을 한다. 이 과정을 반복한다. 아이가 보존 개념을 한 번에 깨닫지 못한다고 실망할 필요는 없다. 똑같은 실험을 여러 번 하다 보면 나중에는 아이가 들이에 대한 보존 개념을 자연스럽게 획득하게 된다.

덧셈과 뺄셈,
절대 가르치지 마라

덧셈 뺄셈, 종이와 연필로 한다는 편견을 버리자

아이가 수 세기를 웬만큼 한다 싶으면 부모의 다음 목표는 덧셈과 뺄셈으로 옮겨 간다. 그런데 덧셈과 뺄셈을 가르치기가 생각만큼 쉽지 않다. "다섯에 하나 더하면 얼마야?" 하는 질문에 손가락 다섯 개를 쫙 편 채 일일이 세고 있는 아이를 보면 울화통이 터진다. "이 바보야. 한 손의 손가락은 세어 보나 마나 다섯 개야. 여기에 손가락 하나만 더하면 몇 개냐구!"

덧셈 뺄셈 가르치다 화병 나겠다는 부모를 위해 딱 세 가지만 당부하고 싶다. 첫째, 서두르거나 조바심 내지 말 것! 일찍 자극을 줘서 나쁠 건 없지만, 남보다 빨리 깨치게 하겠다고 두 팔을 걷어붙이면 오히려 역효과만 난다. 덧셈 뺄셈을 일찍 깨쳤다고 수학 영재 소리를 들을 수는 없다. '엄마' 소리

먼저 했다고 언어 영재 아닌 것과 마찬가지다. 부모가 덧셈 뺄셈에 욕심을 부리는 이유는 수학은 곧 '계산'이라는 잘못된 믿음 때문이다. 계산 잘한다고 수학까지 잘하는 거라면 얼마나 좋을까. 하지만 안타깝게도 사실은 그렇지가 않다.

둘째, 종이와 연필은 일찌감치 던져 버려라. 암산 훈련을 시키라는 이야기가 아니다. 덧셈 뺄셈은 일상에서 대화를 통해 충분히 깨칠 수 있다는 뜻이다. 계산할 때 종이와 연필이 필요하다는 건 편견일 뿐 아니라 아이들의 건강한 창의력을 해치는 방법이다. 비슷한 맥락에서, 학습지나 문제집을 풀게 하는 데도 반대한다. '1+2' '5-3' 등의 문제가 좌르르 줄지어 늘어선 문제집은 어른이 봐도 지겹기만 하다. 문장제 문제집 이라고 크게 다르지 않다. "다람쥐가 도토리를 다섯 개 주웠습니다. 그런데 집에 오는 길에 두 개를 잃어버렸습니다. 도토리는 모두 몇 개가 남았나요?" 하는 문제를 왜 굳이 책상머리에 앉아 연필을 쥐고 풀어야 하나? 부모랑 얼굴을 마주 대고 재미난 이야기하듯 풀면 안 되는 것일까?

아이가 문제집을 좋아한다고 말하는 부모들도 있다. 하긴 알록달록 재미난 그림이 가득한 문제집이 당장은 아이들의 호기심을 자극할 수 있다. 하지만 초등학생이 되어 본격적으로 문제집을 풀어야 할 시기에도 그럴 수 있을까?

셋째, 덧셈 뺄셈을 가르치겠다는 생각을 버려라. 일상에서 더하고 뺄 기회를 자주 주되, 방법까지 가르치려고 해서는 안 된다. "오늘 요구르트를 몇 개 먹었니? 아침에 하나, 점심에 하나, 저녁에 하나 먹었으니, 모두 몇 개지?" "네 주머니에서 사탕이 네 개 나왔네. 나 하나 먹고, 너 하나 먹으면 몇 개가 남지?" 하는 식으로 기회가 닿을 때마다 더하거나 빼게 한다. 그런데 아이가 전혀 감을 잡지 못한다면? 걱정할 필요 없다. 다음에 또 물어보면 된다. 그래도 못 풀면? 그럼 또 기다려라. 언젠가는 풀게 된다. 수를 제대로 셀 줄 알고 우리 말을 이해하는 아이라면 덧셈과 뺄셈은 혼자서도 뗄 수 있다. 부모가 할 일은 일상에서 더하고 빼는 경험을 자주 하도록 기회를 주는 것뿐이다.

가르치면 범재, 안 가르치면 영재 된다

덧셈 뺄셈을 가르치지 말아야 하는 아주 중요한 이유가 하나 더 있다. 부모에게 덧셈 뺄셈 요령을 배운 아이는 부모의 방법, 그 하나만 안다. 하지만 스스로 방법을 깨친 아이는 문제에 따라 전략을 개발할 줄 안다.

나는 아이들에게 덧셈과 뺄셈을 시킨 뒤에는 언제나 "어떻게 그 답을 구했니?" 하고 물어본다. 그 결과 아주 흥미로운 사실을 발견할 수 있었다. 아이들이 덧셈 뺄셈을 하는 방법은 아주 다양하다는 것이다. 예를 들어 7 더하기 8이 15라는 답을 구하는 과정을 살펴보자. 딸아이는 "7에 3을 더해서 10을 만들었어요. 그리고 8에서 5가 남았으니까, 모두 합하면 15예요."라고 대답했다. 만일 당신의 아이가 "7에 7을 더하면 14잖아요. 여기에 1을 더하니까 15가 나왔어요." 한다면 그야말로 만세를 불러도 좋다. 아이에게는 놀라울 정도로 뛰어난 수 감각이 있기 때문이다. 곱셈을 모르더라도 '7+7=14' '6+6=12' 등을 저절로 외워 덧셈에 활용하는 아이들이 있는데, 이런 경우 수학에 어느 정도 재능이 있다고 볼 수 있다.

뺄셈은 덧셈보다 더욱 다양한 전략이 동원된다. 10 미만에서의 뺄셈은 비교적 간단하지만, 13에서 7을 빼는 상황처럼 두 자릿수가 넘는 뺄셈을 하려면 아이에 따라, 문제에 따라 제각각 전략이 다르다. 딸아이도 물어볼 때마다 다른 해결책을 제시하곤 했는데, 다음의 네 가지로 정리할 수 있다.

13−7=?
① 10−7=3, 3+3=6
② 17−7=10, 10−4=6
③ 13−3=10, 10−4=6
④ 7+7=14, 13은 14보다 하나 작은 수니까 7−1=6

대부분의 아이들은 ①과 ③의 방법을 사용하여 문제를 푼다. ②와 ④를 생각했다면 수 감각이 꽤 있다고 할 수 있다. 어느 초등학교 1학년 교실에서 뛰어난 전략을 가진 한 아이를 만나게 되었다. 그 아이에게 이 문제의 답을 어떻게 구했느냐고 물었더니, 이렇게 대답하는 게 아닌가. 3에서 7을 빼려면 4만큼 모자라잖아요. 그러니까 10에서 4를 빼 줘야 해요. 그럼 6이 나와요."(7−3=4, 10−4=6) 또래 아이들이 생각해 내기 어려운 아주 훌륭한 아이디어였다.

아무튼 이런 실험을 통해 아이들이 덧셈과 뺄셈을 하는 데는 아주 다양한 전략이 동원된다는 사실을 확인할 수 있다. 그런데 학교에서는 어떤가. 아이들에게 일률적이고 획일적인 계산법만을 강요한다.

딸아이는 무조건 큰 자릿수부터 계산하는 습관이 있었다. 예를 들어 28 더하기 34를 풀 때는 일단 20과 30을 더해 50을 만든 다음, 8과 4의 합인 12를 다시 더하여 62를 만들었다. 그런데 학교에서는 덧셈이든 뺄셈이든 무조건 일의 자리부터 하라고 가르친다. 이것이 과연 옳은 방법일까?

취학 전에 두 자리 수까지 암산으로 더하고 뺄 줄 알았던 딸아이는 초등학교 입학 후에 오히려 암산 능력이 떨어졌다. 학교에서 뺄셈을 배운 이후 뺄셈 문제를 하나 냈더니, "잠깐만요. 종이랑 연필 좀 가져오고요." 하는 게 아닌가. 종이와 연필이 없으면 아예 뺄셈을 못하는 아이가 되어 버렸다.

아이가 암산을 못하게 되어 안타깝다는 이야기가 아니다. 아이가 다양한 방법을 개발하지 않고 학교에서 배운 단 하나의 방법만을 사용하게 되었다는 게 문제였다. 내가 덧셈 뺄셈하는 방법을 가르치지 말라고 하는 이유도 여기에 있다. '남보다 늦을까 봐 걱정되어서, 혼자서는 영영 방법을 못 찾을까 봐.' 가르친다고 말하지 말자. 결국에는 진짜로 남보다 한참 늦고 혼자서는 어떤 방법도 못 찾는 아이로 키우게 된다.

놀이처럼 재미있게
덧셈 뺄셈 배우기

대화가 가장 효과적인 방법

덧셈 뺄셈을 처음 접할 때 대화만큼 효과적인 수단은 없다. "바구니에 사과가 몇 개 있나 세어 보자. 옳지, 네 개가 있구나. 여기에서 하나를 먹으면 몇 개 남을까?" "여기 블록이 세 개 있어. 이렇게 두 개를 더 올려놓으면 모두 몇 개지?" 유아기에는 종이도 연필도 문제집도 필요 없다. 엄마 아빠와 주거니 받거니 대화를 나누며 놀이하듯 더하고 빼는 경험을 하는 게 중요하다. 특히 문제집을 이용하여 반복적인 계산 훈련을 시키거나 +, − 등의 기호를 이용하여 계산을 가르치려 들면 오히려 흥미를 잃기 쉬우므로 주의한다.

문제만 내라, 방법 개발은 아이의 몫이다

덧셈과 뺄셈에서도 아이 스스로 전략을 개발할 기회를 주는 게 중요하다. 부모가 방법을 가르치면 아이만의 독창적인 전략을 찾아내지 못하게 된다. 부모가 할 일은 방법을 가르치는 게 아니라, 문제를 내는 것이다. 아이에게 친숙한 주변 사물을 이용하여 시시때때로 더하고 빼는 문제를 낸다. 아이가 못 풀어도 서두를 필요 없다. 풀 수 있을 때까지 기다리고 기다리고 또 기다려 준다. 걸음마 늦는다고 못 걷는 아이 없듯이 덧셈 뺄셈도 때가 되면 다 할 줄 알게 된다.

손가락은 아이의 첫 번째 계산기

덧셈 뺄셈에 손가락을 쓴다고 나무랄 필요는 없다. 아이들이 손가락을 쓰는 건 너무나 당연한 일이다. 손가락은 아이들의 타고난 소중한 계산기니 마음껏 활용하게 하자. 시간이 흘러 일정한 시기가 되어 계산력이 향상되면 손가락 계산기는 더 이상 사용하지 않는다.

계산을 마치고 나면 어떻게 풀었냐고 꼭 물어보라

아이가 덧셈 뺄셈의 답을 구한 다음에는 "어떻게 답을 구했어?" 하고 물어보자. 아이가 "그냥."이라고 해도 아이를 다독이고 격려하며 대답을 유도해 본다. 자신이 어떻게 답을 구했는지 설명하면서 아이들은 자신의 방법을 정리하고 검토하고 반성할 기회를 갖게 된다.

보수를 알면 덧셈 뺄셈이 쉬워진다

보수(補數)를 알면 계산력이 놀랄 만큼 향상된다. 어떤 한 수를 두 수의 합으로 나타낼 때 그 두 수를 그 어떤 한 수에 대한 보수라고 한다. 예를 들어 '2의 10에 대한 보수는 8'이고, '4의 5에 대한 보수는 1'이다. 특히 10의 보수를 잘 이해하면 연산을 한결 쉽게 할 수 있다. 10의 보수를 아는 아이는 4+7을 10+1로 바꿔 생각할 수 있게 된다. 보수를 알면 수 감각을 기르는 데 도움이 된다. 특히 초등학교 1학년부터 3학년까지 매우 중요한 개념으로 다루어지므로 일찍부터 보수에 익숙해지도록 하면 좋다.

딸아이는 '5 만들기 게임' '10 만들기 게임'으로 보수와 친숙해졌다. 아내가 "우리 5 만들기 게임 할까? 엄마 먼저 한다. 3!" 하면 딸아이가 "2!" 하고 받는 식이었다. 가족 여행을 떠날 때면 아내와 딸아이가 뒷좌석에 앉아 이 게임을 하곤 했는데, 딸아이가 어찌나 좋아했는지 한 시간 내내 보수 게임만 한 적도 있다.

우리 가족이 좋아하는 또 하나의 게임은 앞 차량 번호판 숫자의 합을 구하는 것이었다. 처음에 아이는 6347이라는 번호판을 만나면 앞에서부터 6+3+4+7로 계산했다. 그런데 어느 순간부터 6+4+3+7로 순서를 바꿔 계산하는 게 아닌가. 어떻게 하면 더 빠르게, 효율적으로 계산할 수 있을까 생각한 다는 증거였다. 보수와 친숙해진 다음에 일어난 변화다.

3에서 5를 빼면 얼마?

아이가 뺄셈을 어느 정도 잘하게 되면 "5에서 3을 빼면 얼마일까?" 하고 물어보자. 아이는 너무나 쉬운 문제라는 듯 2라고 대답할 것이다. "그럼 3 빼기 5는?" 대부분의 아이들은 고개를 갸웃한다. 그러고는 "빵이요." "없어요." 하고 대답하기 일쑤다. 만일 "못 빼요." 하고 대답하면 꽤 똘똘한 편이라고 할 수 있다. 그리고 "2가 모자라요." 하는 아이라면 수에 대한 감각이 남다르다고 봐도 좋다.

그렇다고 "빵이요." "없어요."라고 대답하는 아이들이 똑똑하지 않다는 뜻은 아니다. 아이들의 발달 단계를 고려하면 아주 당연한 반응이다. 이럴 때는 다른 질문을 던져 보자. "3에서 3을 빼면?" 아이들은 또 "빵이요." 할 것이다. 그러면 또 질문을 한다. "그래? 그럼 3에서 5를 빼면?" 역시 "빵이요." 하는 대답이 나오기 쉽다. 하지만 아이들 머릿속에는 의문이 자리 잡는다. '3에서 3을 빼도 0이고, 3에서 5를 빼도 0이라고? 이상한데?' 아이는 해답을 궁리하기 시작할 것이다. 부모가 인내심과 끈기를 갖고 기회가 있을 때마다 이 질문을 반복하면 언젠가 아이 입에서 대답을 들을 날이 올 것이다. 이 질문은 음수에 대한 기초 개념을 쌓게 한다.

곱셈과 나눗셈,
아이들은 이미 할 수 있다

곱셈에 대한 기초 경험

아이들이 사물의 개수를 '하나, 둘, 셋, 넷'과 같이 낱개로 세는 과정에 익숙해지면 빨리 셀 방법을 스스로 찾아서 사용한다. 즉, 묶어 세거나 뛰어 세기를 하는 것을 흔히 볼 수 있다. 사탕이 많이 있을 때 아이에게 모두 몇 개냐고 물으면 '둘, 넷, 여섯, 여덟, 열' 혹은 '다섯, 열, 열다섯, 스물'과 같이 센다. 때에 따라서는 셋 또는 넷씩 세기도 한다. 아무것도 아닌 것처럼 보이지만 이는 사실 곱셈이나 나눗셈에서 사용할 수 있는 매우 훌륭한 전략이다.

곱셈의 기초는 이 묶어 세기부터 시작한다. 사탕 열 개를 주고 둘씩 또는 다섯씩 묶어서 세어 보게 한다. 사탕을 다 세고 난 다음에 "모두 몇 개니?" "둘씩 몇 묶음이니?" "다섯씩 몇 묶음이니?" 하고 물어보자. "사탕은 모두 열 개인데 두 개씩 다섯 묶음" "다섯 개씩 두 묶음"이라고 대답할 수 있다면 대단한 성공이다. 경우에 따라서 묶음의 수가 똑 떨어지지 않을 수도 있다. 사탕 열두 개를 준 다음 묶어 세기를 시켜 보고 질문을 한다. "모두 몇 개지? 둘씩도 묶어 세고 셋씩, 넷씩, 다섯씩도 묶어 세어 본 다음에 몇씩 몇 묶음인지 말해 볼래?" 아이는 부모의 지시에 따라 이렇게 말한다.

"두 개씩 묶으면 여섯 묶음"
"세 개씩 묶으면 네 묶음"
"네 개씩 묶으면 세 묶음"
"다섯 개씩 묶으면 두 묶음 하고 두 개가 남아요."

아이들이 몇 개씩 묶어 세는가에 따라 묶음의 수가 달라짐을 깨닫는다면 이것은 대단한 성공이다. 특히, 네 번째처럼 묶어 세기를 했을 때 남는다는 것을 표현한다면 더더욱 칭찬할 만하다.

기회 있을 때마다 이런 상황을 만들면서 아이가 '몇씩 몇 묶음'이라는 말에 친숙함을 느끼도록 해 주는 것이 필요하다. 아이가 흥미가 없어 하면 거기서 끝낸다. 급하게 서두르다 보면 체할 수 있기 때문이다. 이 단계에서 '곱하기' 또는 '곱셈'이라는 용어나 '곱셈 기호 ×'를 사용할 필요는 없다. 초등학교에서는 같은 수를 거듭 더하는 것으로부터 곱셈을 가르치고 있다. 일찍부터 의미도 모른 채 1에서 9까지 두 수를 곱하는 곱셈 구구를 외우고 자랑할 필요는 없다.

나눗셈에 대한 기초 경험

딸아이가 5살 때쯤으로 기억하고 있다. 어느 날, 딸아이의 친구 두 명이 집에 온 적이 있었다. 나는 사탕 스물네 개를 꺼내 셋이서 똑같이 나누어 먹으라고 하면서 어떻게 나누어 갖는가 유심히 살펴보았다. 딸아이는 자기와 두 명의 친구들 앞에 각각 사탕을 한 개씩 놓은 다음 계속해서 같은 방법으로 나누고 있었다. 훌륭한 방법이었다. 바로 이 방법이 나눗셈의 기본이다. 이 과정은 사탕 스물네 개에서 한 번에 세 개씩 뺀 것과 같고, 한 개씩 나누다 보면 여덟 번 뺀 것과 같다.

$$24-3-3-3-3-3-3-3-3=0$$
$$(24-3=21, 21-3=18, 18-3=15, 15-3=12,$$
$$12-3=9, 9-3=6, 6-3=3, 3-3=0)$$

스물네 개에서 한 번에 세 개씩 빼 나가면 여덟 번을 뺄 수 있다. 다시 말하면, 한 사람당 사탕을 여덟 개씩 갖게 된다. 이와 같은 상황을 자주 접하다 보면 아이들은 나중에 한 개씩 나누어 주지 않고 한 번에 두 개 또는 세 개씩 나누면 더 쉽고 빠르게 나눌 수 있다는 것을 깨닫는다. 이런 좋은 경험을 거치면

178

아이들은 나눗셈에 대한 두려움을 갖지 않는다.

학교에서 아이들이 곱셈 구구를 이용해서 곱셈의 역연산으로 나눗셈을 처음 배우는 것보다, 같은 수를 거듭 빼 나가면서 이 방법이 익숙할 때 곱셈 구구를 이용해서 나눗셈을 하는 것이 더 효과적이다.

언젠가 초등학교 4학년 교실에서 아이들이 세 자릿수 나누기 두 자릿수를 할 때 몫을 가정하면서 구하는 활동을 하는 상황을 볼 기회가 있었다. 한 아이가 전혀 손을 못 대는 것을 보고 피제수(어떤 수를 다른 수로 나눌 때, 처음의 수. '8÷4 = 2'에서 '8')에서 제수(어떤 수를 나누는 수. '8÷4 = 2'에서 '4')를 반복해서 빼는 과정으로 설명을 해 주었다. 설명을 듣던 아이는 곧 나눗셈의 몫과 나머지를 쉽게 구할 수 있었다. 참고로 이 과정을 보여 주면, 아래와 같다.

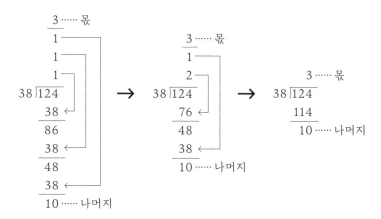

179

나눗셈은 곱셈과 뺄셈이 적용되기 때문에 아이들이 가장 어려워하는 계산이다. 따라서 아이들에게 어려서부터 같은 수를 빼는 방법으로 나눗셈에 대한 기초 경험을 갖게 하는 것이 중요하다. '나눗셈'이라는 말이나 '나눗셈 기호 ÷'를 써서 아이를 괴롭힐 이유는 하나도 없다. "똑같이 나누어 가져." "똑같이 나누어 먹어."와 같이 나누어 보라는 말을 자연스럽게 사용해 보자.

구체적 조작을 통해
곱셈과 나눗셈 경험하기

대화를 통해 자연스럽게 경험하도록 하자

만 5세 정도가 되면 아이들은 곱셈과 나눗셈에 대해 자연스럽게 접할 수 있다. 곱셈과 나눗셈은 대화를 통해 구체적으로 조작하는 활동을 하면서 경험할 수 있다. 예를 들어 곱셈의 경우, 둘씩, 다섯씩 또는 셋씩, 넷씩 등으로 묶어 세어 보도록 하고 나눗셈의 경우, 똑같이 나누어 보도록 한다. 이런 활동을 수시로 반복적으로 경험하게 한다. 그러나 수에 대한 감각이나 수 개념이 아직 미숙한 아이에게는 무리가 될 수 있으니 주의하자. 천천히, 서두르지 않는 것이 아이를 위해 꼭 필요하다는 점을 잊어서는 안 된다.

경험을 시키되 방법 개발은 아이의 몫이다

곱셈과 나눗셈에서도 아이 스스로 전략을 개발할 기회를 주는 것이 중요하다. 부모가 방법을 가르쳐 주면 아이는 독창적인 전략을 찾아내지 못하게 된다. 부모는 덧셈이나 뺄셈과 같이 상황만 만들어 주면 된다. 곱셈은 묶어 세기, 나눗셈은 똑같이 나누는 전략이 필요한데 아이가 지루해하지 않게 하고 스스로 해결하도록 한다. 아이가 해결하지 못해도 서두를 필요는 없다. 부모는 아이가 해결할 때까지 기다리는 것이 중요하다. 당장 해결하지 못했다고 실망할 필요는 없다. 기다리다 보면 아이는 적당한 시기에 스스로 터득한다.

해결하고 나면 어떻게 했는가를 꼭 물어보라

아이의 설명을 듣다 보면 아이가 어떻게 생각하는가를 알게 된다. 아이의 생각을 물어보고 답하는 훈련은 아이의 논리적인 사고를 기르는 데 매우 도움이 된다. 부모의 역할은 아이한테 칭찬을 아끼지 않는 것이다. "어떻게 그런 생각을 했니?" "참 멋진 생각을 했구나." 등등 질문과 칭찬을 잊지 말자.

분수 개념은
일찍 경험할수록 좋다

'절반' 대신 무조건 '2분의 1'

초등학교 수학 시간에 아이들이 유난히 어려워하는 부분이 바로 분수다. 자연수 부분에서는 승승장구하던 아이들도 분수만 만나면 맥을 못 춘다. 일단 선생님이 칠판에 적어 놓은 $\frac{1}{2}$이라는 모양 자체가 아이들 눈에는 참으로 이상해 보인다. '2분의 1'이라고 읽는 것도 입에 영 붙지 않고, 그 뜻도 와닿지 않는다.

사실 만 4, 5세 정도만 되면 분수를 충분히 이해할 수 있다. 그만큼 분수는 어려운 개념이 아니다. 그런데도 아이들이 분수를 어려워하는 이유는 뭘까? 일상에서 자주 접하지 못했기 때문이다. 자연수는 태어나면서부터 접한다 해도 과언이 아닌데, 분수는 그야말로 수학 교과서에서 난데없이 튀어나

온 '요상한 것'이니 어려울 수밖에 없다. 엄마 아빠도 일찍부터 구구단 외게 할 생각은 해도 분수는 쉽게 간과한다. 그러다 초등학교 3학년에 올라가 아이가 분수를 어려워하면 그제야 아뿔싸 하는 것이다.

나는 딸아이가 만 4세 때부터 분수를 접할 기회를 주려고 노력했다. 그렇다고 거창한 방법이 있었던 건 아니다. 일상에서 기회가 닿을 때마다 분수를 이용해서 표현했다. '반' '절반'이라는 말 대신 무조건 '2분의 1'이라는 표현을 썼다. 가령 색종이를 접을 때 "반으로 접어 보자." 하지 않고 "2분의 1로 접어 보자."라고 말했다. 사탕 네 개를 보여 주면서 "반만 먹어라." 하는 대신 "2분의 1만 먹어라."라고 했다.

'2분의 1'이 무슨 뜻인지 설명할 필요는 없다. '반'이나 '절반'이라는 말도 애초에 설명 없이 그냥 쓰지 않았던가. "케이크를 2분의 1로 자르자." "자, 여기 사과 2분의 1만 먹어라." 등 어릴 때부터 '2분의 1'이라는 말을 자주 듣다 보면 그 개념을 스스로 깨치기도 그리 어렵지 않다.

아이 스스로도 '2분의 1'이라는 표현을 자연스레 쓸 정도가 되면 이제 '3분의 1' '4분의 1'에도 도전해 보자. 역시 방법은 같다. 일상에서 '3분의 1' '4분의 1'이라는 말을 자주 사용하면 된다. "엄마, 아빠, 네가 사과를 3분의 1씩 먹자." "피자를 4분의 1만큼 먹고, 나머지는 남겨 두자."

딸아이는 만 5세 때부터 '3분의 1' '4분의 1'이라는 말을 자연스레 사용하기 시작했다. 식구가 셋이다 보니, 아무래도 '3

분의 1'을 사용할 기회가 더 많았다. 어떤 음식이든 '사이좋게 똑같이 나누어 먹자.'라는 뜻으로 "3분의 1씩 먹자."라고 했으니 말이다.

이 간단한 방법의 효과는 정말 놀라웠다. 아마도 아이가 초등학교에 들어가기 직전쯤이었던 걸로 기억한다. 하루는 텔레비전 채널을 돌리다 우연히 EBS에서 방영하는 초등학교 3학년 수학 프로그램을 보게 되었다. 마침 '$\frac{1}{5} + \frac{2}{5}$'라고 적힌 칠판 앞에서 교사가 "5분의 1 더하기 5분의 2를 풀어 볼게요." 하며 문제 풀이를 준비하고 있었다. 나는 장난삼아 아이에게 문제를 풀 수 있겠냐고 물어보았다. 당시 딸은 '5분의 1'이란 말에는 익숙했지만, 그것을 '$\frac{1}{5}$'이라고 쓰지는 못했다. 물론 분수의 덧셈 뺄셈을 접해 본 적도 없었다. 그런데 놀라운 일이 일어났다. 딸아이가 옆에 있던 스케치북에 '$\frac{3}{5}$'이라고 커다랗게 정답을 적는 게 아닌가.

분수를 처음 접하는 아이들은 $\frac{1}{5} + \frac{2}{5}$는 당연히 $\frac{3}{10}$이라고 생각한다. $\frac{3}{5}$이라고 답했다는 건 분수의 개념을 정확하게 알고 있다는 증거다. 우리 아이가 유난히 영리하기 때문이라고? 나는 그렇게 생각하지 않는다. 일찍부터 일상에서 자연스레 분수를 접하고, 스스로 분수의 개념을 깨친 아이라면 누구나 가능한 일이다. 그렇다고 분수의 덧셈 뺄셈까지 서둘러 가르치라는 말은 아니다. 분수의 표기나 덧셈 뺄셈은 수업 시간에 배워도 된다. 더 욕심을 부리다가는 오히려 흥미만 잃게 할 수 있다.

취학 전 유아기에는 분수 개념만 잘 잡아 주면 그걸로 충분하다. 그것만 해 주어도 초등학교에서 분수를 배울 때 펄펄 난다. 아이는 마치 물 만난 고기처럼 신이 나서 공부할 수 있을 것이다.

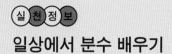

일상에서 분수 배우기

분수, 만 4세부터 시작하자

다른 건 몰라도 개념 잡기만큼은 일찍 시작하는 게 좋다. 분수의 경우는 되도록 일찍, 욕심을 내면 만 4세부터 시작하라고 권하고 싶다. 그렇다고 기호를 써서 가르치라는 게 아니다. 아이와의 일상적인 대화를 통해 자연스레 '2분의 1' '3분의 1'이라는 단어를 사용하여 그 개념을 스스로 깨닫도록 도와주어야 한다.

분수를 이용한 표현을 많이 쓰자

'절반'이라고 하지 말고 '2분의 1'이라고 말하자. '2분의 1'이 무슨 뜻인지 설명할 필요는 없다. 사과, 케이크, 피자 등을 반으로 자르면서 "2분의 1로 잘랐어."라고 말해 주는 것으로 충분하다. 아이는 앞뒤 정황으로 무슨 뜻인지 감을 잡는다. 그렇게 스스로 개념을 터득하는 게 진짜 공부다. '2분의 1'이라는 말에 익숙해질 무렵이면 '3분의 1' '4분의 1' '5분의 1' 등에도 익숙해지도록 도와주자.

2분의 1이 더 클까? 4분의 1이 더 클까?

아이가 일상에서 분수로 표현하는 일에 익숙해지면 좀 더 욕심을 내 보자. "지금 사과를 자를 건데, 2분의 1 먹을래? 4분의 1 먹을래?" 하고 물어본다. 분수의 개념을 정확하게 알고 있다면 '2분의 1'과 '4분의 1' 중 어떤 것이 더 큰지 금세 알 수 있을 것이다. 아이가 어려워하면 실제로 사과를 잘라 '2분의 1'과 '4분의 1'의 크기를 서로 비교하도록 도와준다.

13과 14 사이의 수는?

소수 읽기, 가르치지 말고 질문하라

딸아이와 함께 저울이나 자의 눈금을 읽다 보면, 난감할 때가 있다. 눈금이 정수에 가 있는 때보다, 두 숫자 사이에 애매하게 걸쳐 있는 경우가 더 많기 때문이다. 이럴 때는 눈금이 더 가까운 쪽의 숫자를 읽어 준다. 10.3킬로그램이면 "10킬로그램이 조금 넘는구나." 10.9킬로그램이면 "11킬로그램이 조금 안 되는구나." 하는 식이다. 굳이 10.3이나 10.9를 가르칠 필요는 없다. 아이가 궁금해할 여지를 남겨 두기 위해서다. 아이 스스로 시계 읽는 법을 깨치도록 기회를 준 것처럼 소수점 읽기 역시 마찬가지다. 소수점 읽기를 가르치는 것보다 '눈금이 여기 왔을 때 똑 떨어지는 숫자로 읽을 방법은 없는 걸까?' 하고 의문을 가질 기회를 주는 게 더 중요하다.

그런데 눈금을 어림해서 읽어 줄 수 없는 때가 있다. 딸아이가 만 4세 반 정도 되었을 무렵의 일이다. 여느 날처럼 아이의 몸무게를 쟀는데, 체중계의 저울이 거의 정확하게 13.5킬로그램을 가리키는 게 아닌가. 한동안 저울의 눈금을 바라보던 아이가 내게 물었다. "아빠, 이건 어떻게 읽어?"

딸아이가 이런 의문을 가졌다는 자체가 대견했다. 그래서 너무 좋은 질문이라고, 어떻게 그런 훌륭한 생각을 다 했냐고 한껏 치켜세워 주었다. 하지만 즉시 해답을 말해 주지는 않았다. 되묻는 게 내 특기 아니었던가. "어떻게 읽었으면 좋겠니?"라고 했더니 딸아이는 한참을 생각하더니 13이랑 14 가운데 있다고 말했다. 그래서 잘 읽었다고 칭찬해 주고는 다른 것은 가르쳐 주지 않았다. 딸아이는 영 만족스럽지 않은 눈치였다. 도무지 똑 떨어지지 않는 수가 아닌가. 13이면 13이고, 14면 14지, 13과 14 가운데 있는 수라니?

그다음 날에도 딸아이는 똑같은 질문을 했다. 저울의 눈금이 여전히 13.5킬로그램을 가리키고 있었던 것이다. 나도 전날과 똑같이 되물었다. "어떻게 읽었으면 좋겠니?" 딸아이가 이번에는 13과 14 사이에 있다고 대답했다. 그래서 또 잘 읽었다고 칭찬해 주었다. 딸아이의 얼굴에는 불만스러운 기색이 확연하게 드러났다.

이러기를 한 사흘 정도 되풀이했을까? 딸아이가 눈에 띄게 의기양양한 표정으로 저울에 오르는 게 아닌가. 이 녀석이 뭔가 알아낸 게 틀림없었다. 눈금이 변함없이 13.5킬로그램이라는 걸 확인하자 웃으면서 내게 말했다. "13점 5킬로그램이에요." 나는 잘했다면서, 그걸 어떻게 알아냈냐고 물었더니 중학교 다니는 옆집 언니에게 물어보았다는 것이다.

어차피 다른 사람에게 물어 알게 될 걸 왜 진작 가르쳐 주지 않느냐고 반문할 사람도 있을 것이다. 그런데 나는 아이가 13.5라는 숫자를 읽기 위해 며칠을 고민하고 또 고민했다는 게 중요하다고 생각한다. 처음부터 내가 13.5를 읽는 법을 가르쳐 주었다면 어땠을까. 아마도 아이는 그 수를 쉽게 잊어버렸을지도 모른다. 하지만 며칠 동안 궁금해하고 고민한 끝에 얻은 해답은 달랐다. 딸아이는 이후에도 저울이나 자에서 눈금 0.5를 발견할 때마다 크게 읽으며 무척 반가워했다. 수학에서의 자신감은 이런 경험들이 하나둘 쌓이면서 만들어진다. 아이들은 만물박사 부모를 원하는 게 아니다. 해결사 부모도 원하지 않는다. 아이들에게는 어떤 질문이라도 진지하게 받아들여 함께 고민해 주는 부모, 아이의 작은 호기심도 허투루 여기지 않고 소중하게 보듬어 주는 부모가 필요하다.

소수 개념,
유아기에는 어느 정도 가르칠까?

자극은 주되 호기심을 나타낼 때까지 기다리자

소수를 사용하기 가장 자연스러운 상황은 뭔가를 측정하고 눈금을 읽을 때다. 하지만 처음부터 소수 읽기를 가르칠 게 아니라 당분간은 눈금을 어림해서 읽어 주는 게 좋다. 여기에는 몇 가지 이유가 있다.

첫째, 수학이 언제나 정확하게 딱 떨어지는 결과만을 요구하는 것은 아니다. 때로는 길이나 높이, 넓이나 부피 같은 크기 등을 어림짐작해서 활용하는 능력도 필요하다. 어떤 상황에서 어느 정도로 어림해야 적당한지 스스로 판단할 줄도 알아야 한다.

둘째, 아이 스스로가 눈금을 정확하게 읽는 방법을 알고 싶어 할 때까지 기다린다. 소수 개념을 가르치는 것보다 아이의 호기심을 유도하는 게 수학적으로는 더 의미 있다.

따라서 "12.9킬로그램이구나." 하고 읽어 줄 게 아니라 처음에는 "거의 13킬로그램이구나." "13킬로그램이 조금 못 되는구나." 식으로 어림해서 읽어 주는 게 좋다. 소수 읽기는 아이가 호기심을 나타낸 이후에 가르쳐도 늦지 않다.

"너라면 어떻게 읽겠니?"라고 물어보자

어림해서 눈금을 읽다 보면 '12.5' '11.5'와 같은 것들은 읽기가 애매하다. 이럴 때 아이가 "이건 어떻게 읽어요?" 하고 궁금증을 보인다면 소수 읽기를 가르칠 좋은 기회이다. 소수 읽는 방법은 아이 혼자 깨칠 수 있는 게 아니다. 사회적인 약속에 따라 읽는 것이므로 읽는 방법을 배워야 한다. 하지만 아이의 호기심을 유지하고 생각하는 힘을 키워 주기 위해 일단은 아이에게 "어떻게 읽었으면 좋겠니?" 하고 되묻는 게 좋다. 처음부터 "12점 5킬로그램이라고 읽는단다." 하고 가르쳐 주는 건 피하자.

소수 개념 익히기는 천천히

"이 눈금은 어떻게 읽는 게 좋을까?" 하고 반복적으로 자극을 주다가, 점차 소수 읽기에 도전해 볼 수 있다. 처음에는 '0.5'부터 읽기 시작해서 차츰 '0.1' '0.2' 등에도 익숙해지도록 자주 읽을 기회를 준다. 이때 소수를 읽게 되었다고 개념까지 익히게 되었다고는 볼 수 없다. 개념까지 가르치려는 건 지나친 욕심이다. "자, 봐라. 1센티미터는 1밀리미터 눈금이 열 개가 모여서 되는 거야. 그러니까 1밀리미터는 0.1센티미터고……." 식으로 설명하면 효과도 없을뿐더러 백이면 백 아이의 흥미를 잃게 만든다. 소수를 읽을 기회는 자주 주되, 개념은 아이 스스로 깨치도록 기다려 주는 게 좋다.

큰 수 읽기는
주변에 숨은 숫자가 교재

큰 수 읽기, 아이가 궁금해할 때 가르치는 게 최고

큰 수 읽기, 아이가 궁금해할 때 가르치는 게 최고

어른들에게는 세 자릿수, 네 자릿수를 읽는 게 대수롭지 않은 일이지만, 아이들에게는 그렇지 않다. 세 자리 이상의 수는 초등학교 2학년 때 다룬다. 큰 수 읽기가 생각만큼 쉽지 않다는 뜻도 되고, 초등학교 2학년 이전에는 큰 수를 다룰 필요가 없다는 뜻도 된다. 게다가 큰 수를 능숙하게 읽는다고 수학을 잘한다거나 수 감각이 있다고 말하기도 어렵다. 그러니 일찍부터 큰 수를 읽게 하느라 애쓸 필요는 없다.

요즘에는 1부터 100까지 적힌 숫자 포스터를 벽에 걸어 두고, 아이에게 따라 읽으라고 하는 부모도 많은 듯하다. 이런 방법은 별로 권하고 싶지 않다. 아이가 따라 읽으려면 시간이 꽤 걸린다. 집중력이 짧은 아이로서는 힘들 수밖에 없다. 게

다가 아이가 '엄마 아빠가 뭔가를 내게 억지로 시키려 한다.' 라는 느낌이라도 받는다면? 그야말로 아이의 머릿속에 '숫자 = 지겨운 것'이라는 공식이 자리 잡게 될 것이다.

정 가르치고 싶다면 숫자 포스터는 붙여 두되, 아이 스스로 호기심을 보일 때까지 기다려 주는 게 좋다. 이건 어떻게 읽냐고 아이가 물을 때 가르쳐야 가장 효과적이다. 그렇더라도 질문이 나왔을 때 옳다구나 하고 1부터 100까지 몽땅 가르치겠다고 팔을 걷어붙여서는 곤란하다. 중요한 건 아이의 호기심과 배우고자 하는 욕구를 계속 붙잡아 두는 것이다. 그러려면 감칠맛을 돋우는 기술이 필요하다. 아이가 묻는 숫자만 조금씩 읽어 주고, 그 이상은 욕심내지 않는 게 좋다.

숫자 포스터보다 훨씬 효과적인 교재는 일상적인 물건에 숨은 숫자들이다. 달력, 전자시계, 가격표, 영수증은 물론이고, 은행에서 뽑은 대기표, 야구 선수들의 등 번호, 아파트 벽면에 적힌 동 수, 전화번호, 자동차 번호판에 이르기까지 아이가 두 자리 이상의 수를 만날 기회는 무궁무진하다. 이 속에서 아이가 관심을 갖는 숫자가 있으면 무조건 읽어 줘라.

특히 11, 111, 1111처럼 같은 숫자가 반복되는 수가 눈에 띄면 그냥 지나치지 말고 반드시 천천히 읽어 주자. 3798과 같은 수는 자리의 값(일, 십, 백, 천)과 자리의 수(일의 자릿수 8, 십의 자릿수 9……) 모두에 신경을 써야 하지만, 3333과 같은 수는 자리의 수가 3으로 모두 같기 때문에 자리의 값에만 집중할 수 있어서 큰 수 읽기 훈련에 효과적이다.

기수법 가르치는 두 가지 요령

아이가 큰 수를 잘 읽는다면 기수법(記數法)을 알고 있는지 확인해 본다. 기수법이란 숫자를 사용하여 수를 나타내는 법을 말한다. 예를 들면 '사천사백칠십칠'이라고 읽는 수를 '4477'이라고 표기하는 것을 말한다. 기수법은 사회적인 약속이다. '이 수는 이렇게 표기한다.'라고 사회적으로 합의된 것이므로 아이 스스로 터득하길 기대할 수 있는 부분이 아니다. 어른이 가르쳐 줘야 기수법에 따라 수를 표기할 수 있다.

아이가 기수법을 알고 있는지 간단하게 확인할 수 있는 방법이 있다. 아이에게 바둑돌 마흔다섯 개를 주고서 "열 개씩 묶으면 몇 묶음이 될까?" 하고 묻는다. 아이가 "네 묶음하고 다섯 개가 남아요." 하고 대답하면 "그래? 그럼 숫자로 한 번 써 봐." 하고 말하면 된다. '45'를 '사십오'라고 곧잘 읽으면서도 써 보라고 하면 잘 하지 못하는 경우가 많다. 기수법을 모르는 대부분의 아이들은 45가 아니라 '405'라고 적곤 한다. '4105'라고 적는 아이들도 있다.

기수법을 유아기에 반드시 익혀야 하는 건 아니다. 그래도 가르치길 원한다면 다음 두 가지 방법을 사용할 수 있다.

첫 번째 방법은 표를 만드는 것이다. 아이에게 다음 표를 보여 주고 "자, 그러니까 사십오는 이 칸에 보이는 것처럼 적는 거야." 하고 설명해 준다.

열 개 묶음	한 개 묶음
4	5

두 번째 방법은 카드를 만들어 보여 주는 것이다.

4	0
	5

그림과 같은 모양의 카드를 두 장 만들어서 5가 적힌 작은 카드를 큰 카드의 자리 위에 포개서 보여 준다. "자, 마흔 개에 다섯 개가 더 있으니까, 카드를 이렇게 겹쳐 보자. 사십오는 이렇게 적는 거야."

마지막으로 당부하고 싶은 말이 있다. 기수법을 익히게 한답시고 1부터 100까지 쓰게 하는 부모가 있는데, 이건 빵점짜리 방법이니 제발 그만두자. 수학을 싫어하게 되는 건 물론이고, 아예 연필 잡고 책상머리에 앉는 것조차 싫어하는 아이로 만들기 십상이다.

공간 감각은
놀이와 경험으로 키워라

공간 감각은 일상과 아주 밀접한 관련이 있다. 공간 감각이란 자기 주변의 상황과 위치, 방향 등에 대한 일종의 직감이다. 주변에 있는 물체나 상황의 패턴, 모양 등이 이동하고 배치된 모습을 머릿속으로 그려 낼 수 있는 능력을 가리킨다. 공간 감각 덕분에 우리는 아파트 평면도만 보고서도 실제의 모습을 대강 그려 볼 수 있고, 쓰레기통이 다소 떨어져 있더라도 빈 캔을 던져 넣을 수 있다. 또한 미로처럼 설계된 백화점에서도 길을 잃지 않을 수 있다.

교육 전문가 델 그랜드(Del Grand)는 공간 감각은 읽고 쓰기, 산술과 기하, 색칠하기, 스포츠 활동, 악보 보기, 지도 그리기 등에 필수적인 능력이라고 말했다. 그러니 공간 감각은 학업과도 아주 밀접한 관련이 있다고 할 수 있다. 심리학자들은 공간 감각이 아이들의 안정성에도 많은 영향을 준다고 말한다. 사람은 자신이 이해할 수 있고 친숙한 것에 대해 안정감을 느끼는 경향이 있다. 공간 감각은 아이에게 자신이 속한 환경을 보다 잘 파악하고 이해하게 해 주어 심리적인 안정감을 준다.

이런 이유들 때문에 수학 교육에서 공간 감각이 차지하는 비중이 점점 커지고 있다. 예전에는 도형의 이름이나 성질과 같은 비계량적인 내용과 더불어 길이, 넓이, 부피 등을 계량하는 내용이 중심이어서 '공간'이라는 글자만 봐도 골치가 아프다는 학생들이 많았다. 최근에는 일상에서 물체를 관찰하고 탐구하며 직접 조작해 보게 하여 직관력을 키우는 활동을 강조하는 추세다. 모래놀이, 물놀이, 미술 활동 등 공간을 새로 구성하거나 채워 나가는 모든 활동이 여기에 속한다. 공간 감각은 이런 경험을 통해 자연스럽게 얻어진다.

흔히 블록이나 종이접기가 공간 감각을 길러 준다고 알고 있는데, "자, 엄마 아빠 따라서 이렇게 접어 봐." 하는 식의 활동은 별 도움이 안 된다. 겨냥도를 보게 하는 것은 공간 감각을 길러 주는 매우 좋은 방법이다. 평면에 그려진 겨냥도를 보면서 어떤 모양이 만들어질지 머릿속으로 재구성하고 추론하는 훈련을 해야 비로소 공간 감각이 길러진다. 딸아이도 겨냥도를 보며 종이접기를 했다. 종이접기 책자에 실린 겨냥도를 보며 저 혼자 모빌이나 호랑이 등을 곧잘 접곤 했다. 지금 와 생각하면, 이런 놀이가 아이의 공간 감각에 큰 도움을 주었던 것 같다.

어떤 부모들은 "그럼 로봇을 조립하는 것도 공간 감각에 도움이 되나요?" 하고 묻기도 한다. 물론 로봇 세트에도 조립 설명서라는 게 들어 있다. 그런데 조립 설명서는 겨냥도와는 조금 다르다. 블록이나 종이접기의 겨냥도는 머릿속으로 어떤 모양이 만들어질지 그려 보며 손을 움직이도록 유도한다. 하지만 로봇 조립 설명서는 기껏해야 이 몸통에 저 팔을 끼우라는 식의 간단한 지시에 불과하다. 겨냥도에 비하면 아무래도 한 수 아래일 수밖에 없다.

모든 수학 영역이 그렇듯이 공간 감각 역시 일상에서 자연스레 경험하는 게 최고다. 요즘 공간 감각이 각광을 받는다니까 공간 감각을 키워 주는 전집 교구가 많이 나오고 있다는데, 괜히 이런 데 혹하지 않는 게 좋겠다.

일상에서 공간 감각 배우기

눈과 신체의 협응력 키우기

눈을 감은 채 공을 차거나 장애물을 뛰어넘을 수 있을까? 아마도 걷는 것조차 힘들 것이다. 신체를 움직이기 위해서는 눈에서 관찰한 정보가 반드시 필요하다. 다시 말해 우리가 하는 거의 모든 활동은 눈과 신체의 '합동 작전'이라 할 수 있다. 아이들은 어른에 비해 이 능력이 떨어진다. 그래서 눈앞에 있는 공을 차면서도 헛발질을 하고, 혼자서 옷을 입거나 숟가락질하는 데도 서툴다. 이런 일상적인 활동들을 제힘으로 할 기회를 많이 주면 눈과 신체의 협응력을 키워 줄 수 있다. 블록으로 입체도형 만들기, 점선 따라 그리기, 주어진 모양에 색칠하기 등을 활용하면 좋다.

배경과 도형 지각하기

운동장에서 공을 튕기는 아이가 있다고 하자. 이 아이가 공놀이를 하기 위해서는 산만하고 시끄러운 운동장에서 오로지 공에만 집중해야 한다. 뛰노는 다른 아이들, 정글짐이나 철봉과 같은 운동 기구, 누군가가 친구들을 부르는 소리 등은 무시할 줄 알아야 한다. 관계없는 건 무시하고 부적절한 자극 때문에 산만해지지 않아야 한다. 이것을 수학에 연결시키면, 복잡한 배경에서 특수한 도형의 모양을 인지하는 능력이라 할 수 있다. 숨은그림찾기나 칠교판, 패턴 블록 놀이, 서로 다른 그림 찾기 등이 배경과 도형 지각에 도움이 된다.

모양과 크기의 항존성 알기

시선의 위치와 각도가 달라지면 대상에 대한 인상도 달라진다. 하지만 물체의 모양이나 크기가 실제로 달라지는 것은 아니다. 이것을 '모양과 크기의 항존성(恒存性)'이라고 한다. 예를 들어 멀리 있는 농구공은 야구공만큼이나 작아 보이지만, 사실은 야구공보다 훨씬 크다. 모양과 크기의 항존성을 알게 하려면 세 개 이상의 도형을 크기별로 늘어놓거나 원근법에 따라 크기를 비교하는 놀이를 하면 좋다.

공간에서의 위치 지각하기

아이와 마주 본 채 "왼손을 들어 보자." 하면서 왼손을 들면, 아이는 오른손을 든다. 대상과 자신의 관계를 정확하게 인지하지 못하기 때문이다. 거울 보며 움직이기, 부모와 마주보고 왼손, 오른손 들기 등을 하면 자신을 중심으로 사물의 전후좌우와 상하를 제대로 지각하는 데 도움이 된다.

공간 관계 지각하기

수학 교과서에서 '합동'이라는 개념을 배운 기억이 있을 것이다. 어떤 도형을 평행 혹은 대칭 이동시키거나 회전시켜 만든 도형들은 모두 같다. 즉 합동이다. 이것을 인식하려면 특정 공간 안에 있는 대상들끼리 서로 관련시켜 보는 능력이 있어야 한다.

이런 능력을 키워 주기 위해서는 두 개 이상의 대상이 있을 때 공통점과 차이점을 찾아보도록 하면 좋다. 모양은 똑같지만 색깔이 다른 칫솔 또는 무늬, 길이, 색상이 다른 양말들을 늘어놓고 각각 어떻게 다르고 같은지 이야기를 나눠 본다. 지도나 지하철 노선표 등을 보고, 목표 지점으로 가는 최단 거리를 찾아보게 하는 것도 도움이 된다. 이런 놀이들은 출발지와 도착지의 위치 사이에 어떤 연관이 있는지 생각해 볼 기회를 준다. 완성품 보고 따라서 블록 쌓기, 점들 연결하기, 직육면체 전개도 그려 보기 등을 하는 것도 좋다.

시각적 변별력 기르기

시각적 변별력이란 위치에 관계없이 두 대상의 공통점과 차이점을 식별할 줄 아는 능력을 말한다. 시각적 변별력을 높이려면 주어진 모든 대안을 검토한 다음 그것을 하나하나 서로 비교하는 전략이 필요한데, 이것을 아이 스스로 깨닫게 하는 게 중요하다. 여러 대상 중에서 다른 것 하나 또는 똑같은 한 쌍을 찾아보는 놀이가 도움이 된다. 100원짜리 동전 여러 개와 500원짜리 동전 하나, 각기 다른 단추 여러 개와 똑같은 단추 한 쌍 등을 활용하면 좋다. 여러 개의 주사위 중에서 점의 개수가 다른 것 하나 찾기 또는 같은 것 한 쌍 찾기 등의 놀이도 할 수 있다.

시각적 기억력 기르기

시각적 기억력이란 어떤 대상을 더 이상 보지 않고도 정확하게 회상하고 그 특징을 다른 대상과 연관시킬 수 있는 능력을 말한다. 이런 능력을 키워 주기 위해서는 어떤 도형을 일정 시간 관찰하게 한 후 그 모양을 기억해서 그려 보게 하면 좋다. 선반에 다양한 장난감을 진열했다가 치우고는 아이에게 똑같이 진열해 보라고 할 수도 있다. 여러 도형을 보여 주고 특정한 도형을 가린 다음 어떤 도형이 있었는지 기억해서 그려 보게 하는 놀이도 도움이 된다.

유행하는 수학 교육법,
그 진실과 거짓

19단을 외면 수학 영재가 된다?

19단 열풍이 무섭게 분 적이 있다. 정보통신기술 강국 인도에서는 초등학생들이 19단까지 줄줄 왼다는 소문이 퍼지면서, 구구단만 외워서 언제 기술 강국 되겠냐는 각성의 목소리가 높아진 탓이다. 19단을 쉽게 외우도록 도와준다는 각종 교재와 교구들이 쏟아져 나오고, 19단을 또박또박 외우는 아이들의 모습이 텔레비전에 나오기도 했다. 심지어 19단 외우기 시범학교까지 생겼다. 한동안 그 열기가 얼마나 뜨거운지 실감할 수 있었다.

19단 옹호론자들은 19단을 외우면 계산을 쉽게 하고 큰 수에 부담을 느끼지 않아 수학에 자신감이 붙는다고 한다. 과연 그럴까? 실제로 19단을 이용해 할 수 있는 계산은 얼마 되지

않는다. 가령 246×487과 같은 계산은 19단으로는 속수무책
이다. 큰 수에 부담을 느끼지 않는다고? 아이들이 접하는 수
가 크면 얼마나 크겠는가? 심지어 수능 수학 문제에도 세 자
릿수 이상은 잘 나오지 않는다. 수학에 자신감이 붙는다? 천
만의 말씀. 오히려 수학에 흥미를 잃게 하는 지름길이다. 수
학은 곧 암기이자 계산이라는 선입견만 심어 줄 뿐이다.

인도의 정보통신기술과 수학 실력을 모두 19단 덕이라고
보는 것부터가 잘못된 발상이다. 아이들에게 19단을 외우게
해서 수학 강국이 된 게 아니라, 19단까지 외울 정도로 수학
에 관심이 많은 나라라고 봐야 한다.

한마디로 19단 외우기는 시간 낭비, 노력 낭비다. 그뿐 아
니라 19단 외우기는 수학적 사고력을 기르는 데 오히려 해가
된다. 가령 18×18이라는 문제를 풀어야 한다고 하자. 19단을
외워 풀면 18×18=324라는 식으로 금세 답이 나온다. 그런데
이것을 18×(20-2)로 바꿔 생각해서 18×20=360, 18×2=36,
360-36=324라는 식으로 문제를 풀었다면 이 둘 중 어떤 방
법이 수학적으로 더 의미가 있을까.

19단 열풍의 이면에는 '계산을 잘해야 수학도 잘한다.'라는
고정관념이 단단히 똬리를 틀고 있다. 반복해서 하는 이야기
지만, 계산은 수학의 일부분이다. 그리고 학년이 올라갈수록
계산이 아니라 창의력과 문제 해결력이 더 중요해진다.

취학 전 학습지는 필수?

취학 전 아이에게 학습지 하나 안 시키는 집을 찾아볼 수가 없다. 문제가 빼곡하게 들어찬 연산 학습지는 기본이고, 계산 잘하는 것보다 창의력 키워 주는 게 더 중요하다는 인식이 널리 퍼진 이후로는, 창의력 사고 증진 학습지까지 시킨다. 심지어 동료 수학 교수로부터 자기도 아이에게 학습지를 시키고 있다는 말을 듣기도 했다. 남들이 다 하니까, 자기 아이만 안 시킬 수 없더라는 것이다. 그 이야기를 듣고 나는 혀를 끌끌 찼다. 지도 들고 있는 사람이 침 뱉어 방향 찾는 사람에게 길 물어보는 격이라고 놀려 댔다.

나는 취학 전 아이에게 학습지를 풀게 하는 데 반대한다. 어떤 사람은 내게 요즘 학습지가 얼마나 잘 나오는지 몰라서 하는 소리라고 한다. 그렇다. 솔직하게 말하면 나는 요즘 나오는 학습지를 자세히 들여다본 적이 없다. 학습지의 내용은 내게 고려 대상이 아니기 때문이다. 학습지 내용이 아무리 훌륭해도 학습지를 시키는 것 자체가 득보다 실이 많다는 게 내 생각이다.

초등학생이 되면 좋든 싫든 연필을 잡고 책상에 앉아 꾸준히 공부하는 습관을 길러야 한다. 해 봐서 알겠지만, 그게 참 힘든 일이다. 그 힘든 걸 굳이 초등학교 들어가기 전부터 시킬 필요가 있을까. 어떤 부모들은 공부 습관을 길러 주기 위해서라고 말한다. 그런데 일찍 시작한다고 다 효과적인 건 아니다. 공부 습관은 초등학교 1학년 초반에 잡아 줘도 된다. 그 이전에 시작하면 거부감이 심해져 역효과만 내기 십상이다.

게다가 학습지는 부모와 아이 모두에게 부담감을 준다. '밀리지 않게 꾸준히 해야 한다.' '돈 들인 만큼 실력이 느는 게 보여야 한다.' 이런 생각들이 다 부담이 아닌가. 학습지에 대한 부담감은 결국 공부 자체에 대한 부담감으로 이어진다. 나중에 본격적으로 공부 습관을 들여야 할 때 이런 부담감이 장애가 될 게 뻔하다.

물론 수학 공부에서 연습은 매우 중요하다. 학교를 다니면서 배운 것을 복습하기 위해 학습지나 문제집을 푸는 것이 도움 될 때가 있다. 그러나 유아기 만큼은 아니다.

누누이 강조하지만, 아이는 책상머리가 아니라 일상에서 뛰놀면서 더 많이 배우고 더 크게 자란다. 학습지 시킬 여유가 있으면 차라리 책 한 권 더 사 주고, 학습지 풀이할 시간 있으면 아이와 얼굴 마주 보며 따뜻한 정서 교감을 나눠라. 부모가 정말 원하는 게 창의력이라면, 해답은 학습지가 아니라 아이와 나누는 일상 안에 있다.

수학 우등생 되려면 수학 경시대회는 필수?

우리 아이는 초등학교 때 수학 경시대회에 나가 본 적이 없다. 나는 초등학교 때만큼은 절대로 수학 경시대회에 내보내지 말자는 생각을 갖고 있다. 수학 교수 아빠로서 가장 잘한 일이 있다면, 아이를 수학 경시대회에 내보내지 않은 것이라고 생각할 정도다.

수학 경시대회 문제를 종종 출제했던 내가 딸아이를 수학 경시대회에 내보내지 않은 데는 이유가 있다. 수학 경시대회에 출제되는 문제의 일부는 최소한 한두 학년을 앞질러 공부해야 풀 수 있을 정도로 난도가 높다. 따라서 대회에 나가기 위해서는 당연히 선행 학습이 필요하다. 그런데 선행 학습이라는 게 아이들을 힘들고 질리게 만든다. 성적이 웬만큼 좋은 아이들이라도 '난 왜 바보처럼 이런 문제도 못 풀까.' 하는 자괴감에 빠지기 십상이다. 자신이 수학을 엄청나게 못한다는 오해를 하게 되는 것이다.

공부란 하면 할수록 자신감이 붙게 마련인데, 수학 경시대회 준비를 하다 보면 오히려 수학에 자신감이 점점 없어지는 이상한 현상이 나타날 수도 있다.

그뿐 아니다. 수학 경시대회 문제는 아이 혼자 힘으로는 도저히 풀 수 없는 것들도 있다. 그러면 별수 없이 어른이 풀이 방법을 가르쳐 주어야 한다. 수학이란 생각하는 힘을 기르기 위해 배우는 것인데, 어른이 시키는 방법대로 기계적으로 문제를 풀면 어떻게 생각하는 힘을 기를 수 있을까.

아이를 수학 경시대회에 내보내고 싶은 마음에 수학 경시대회 대비 학원을 찾는 부모도 많다고 한다. 하지만 수학 경시대회에 관해 보다 냉정하고 객관적인 시각을 가져야 하지 않을까. 기계적이고 반복적인 훈련 끝에 수학에 대한 흥미와 자신감을 잃게 되는 게 바로 경시대회 준비의 정해진 수순이다. 물론 아이가 수학 문제 푸는 것에 남다른 관심이 있다면 수학 경시대회에 참가하는 것을 구태여 반대해야 할 이유는 없다고 본다. 중요한 것은 아이의 관심이다.

주산만 배우면 수학은 그냥 된다?

보통 '주판'이라고 부르는 수판은 아이들의 수 감각을 키워 주는 데 매우 효과적인 교구다. 가령 수판으로 7 더하기 4를 계산한다고 하자. 주산을 배워 본 사람은 알겠지만, 십의 자리 한 알을 올리고, 일의 자리에서 10에 대한 4의 보수 6을 빼서 11이라는 답을 얻는다. 따라서 수판을 만지다 보면 자연스레 보수 개념에 익숙해진다는 장점이 있다.

하지만 주산 학원에 다녀야 하냐고 묻는다면 내 대답은 "아니요."다. 초등학교 1, 2학년 아이들에게 수판 다루기를 가르쳐 주는 정도는 괜찮지만 학원에까지 다니면서 본격적으로 공부해야 한다고는 생각하지 않는다. 수판은 칠교판이나 퍼즐, 큐브처럼 수학에 친숙하게 다가가도록 도와주는 교구에 불과하다. 칠교판을 잘 맞춘다고 수학을 잘하게 되는 것은 아니다. 수학을 잘하기 위해 칠교판 다루는 법을 배우는 사람도 없다. 수판도 마찬가지다. 수판은 장난감처럼 갖고 노는 정도가 적당하지, 본격적으로 배워야 할 대상은 아니다.

어떤 사람들은 주산 학원에서 가르치는 암산 방법이 수학에 큰 도움을 준다고 말한다. 엄청난 자릿수의 연산을 0.5초만에 해내는 소위 '암산왕'들은 주산이 그 비결이라고 '증언'한다. 물론 주산 학원에서 가르치는 암산법이 아이에게 도움이 되기는 할 것이다. 머릿속으로 수판알을 튕겨 암산을 하기 위해서는 엄청난 집중력과 단기 기억력이 필요할 테니 말이다. 하지만 수학적 사고력과는 별 관련이 없는 이야기다. 암산 잘한다고 수학 잘하는 게 아니기 때문이다.

학부모들 사이에 유행하는 수학 교육법에는 공통점이 있다. 그 교육법이 '수학의 만능열쇠'라고 광고한다는 점이다. 학습지만 하면, 19단만 외우면, 주산만 배우면 수학을 잘하게 된다고 현혹한다. 하지만 수학의 문을 여는 만능열쇠는 존재하지 않는다. 단번에 문을 열어젖히는 만능열쇠를 찾아 헤맬 게 아니라 아이를 믿고 기다려 주는 게 어떨까. 수학으로 다가가는 멋진 주문을 아이 스스로 찾아낼 때까지 말이다.

수학 잘하려면
예습보다 복습을 해라

선행 학습, 모래 위에 집 짓기

우리 부부는 아이를 키우고 가르치는 일에 대해 의견 차이가 거의 없는 편이다. 아내는 내 뜻을, 나는 아내의 뜻을 대부분 신뢰하고 따른다. 그런데 딸아이가 중학교에 입학할 무렵, 교육 문제를 두고 처음으로 의견 충돌이 있었다. 당시 딸아이는 과외는커녕 학원에도 다니지 않고 있었는데, 아내는 그게 불안했던 모양이다. "다른 아이들은 벌써 중학교 1학년 진도를 다 뗐대요. 우리 아이만 가만히 있다가 성적이 떨어지는 거 아닐까요?" 아내의 말을 듣고 나는 두 번 다시 그런 이야기를 꺼내지 말아 달라고 했다. 선행 학습 안 시킨다고 성적이 떨어질 리 없다고 생각했기 때문이다.

아내는 초등학교 교사 출신이고, 매우 현명한 엄마다. 하지만 자식 교육 앞에서는 가끔 마음이 왔다 갔다 하는 모양이었다. 아내가 그러는 것도 무리는 아니었다. 딸아이의 성적은 꽤 좋은 편이었지만, 주변 아이들이 모두 학원에 다니면서 중학교 1학년 진도를 뗐다고 하니 걱정이 될 만도 했다.

불안해한 건 아내만이 아니었다. 딸아이가 중학교 1학년 때의 일이다. 하루는 학교를 마치고 돌아온 딸아이가 말하기를, 친구들은 이미 중학교 2학년 수학을 다 끝내고 3학년 진도를 나가고 있다는 것이었다. 그래서 내가 부럽냐고 물었더니, 아니라고 하면서도 풀이 죽어 있었다. 그래서 이번에는 "그럼 그 아이들이 너보다 수학을 잘하니?"라고 물었다. 딸아이는 그제야 웃어 보이며 "아니요." 하고 대답했다.

부모들에게 선행 학습은 유혹적이다. 선행 학습을 하면 아이가 한두 학년 앞서게 된다고 믿게 만든다. 남들 다 하는데 혼자만 안 하면 뒤처지게 된다고 으름장도 놓는다. 하지만 선행 학습의 달콤한 공약 뒤에 숨은 본모습은 어떨까?

수학 교육학자 리처드 스켐프(Richard Skemp)는 이해를 '관계적 이해'와 '도구적 이해'로 구분하였다. '관계적 이해'는 개념이나 원리를 잘 이해한 경우를 말하고, '도구적 이해'는 일정한 공식에 따라 기계적으로 답을 구하긴 해도 그 원리를 정확히 깨닫지 못한 경우를 말한다. 선행 학습을 하면 '관계적 이해'를 하기보다 '도구적 이해'를 할 가능성이 높다. 선행 학습의 포인트는 속도에 있다. 그러다 보니 아이 스스로 생각할 기회를 주기보다 풀이 방법을 가르치고 이를 반복 훈련시켜 단기적인 성과를 노린다. "네가 생각해서 풀어 보렴."이 아니라 "이 공식대로만 풀어라." 하고 가르치는 것이다. 그러니 관계적 이해보다는 도구적 이해만을 얻게 된다. 당장은 성적에 꽤 효과가 있는 듯 보여도 얼마 지나지 않아 그 한계가 드러난다. 원리와 개념을 모르니, 문제가 조금만 바뀌어도 풀지 못하는 건 당연하다.

더 큰 문제는 스스로 공부하는 습관에서 점점 멀어진다는 데 있다. 공부란 누가 시키지 않아도 알아서 해야 하는 것이다. 그런데 선행 학습을 받아 온 아이는 늘 교사나 부모의 손에 이끌려 공부해 왔기 때문에 혼자서 공부하는 데 서툴다. 아예 공부 방법을 모르는 경우도 많다.

누군가는 과도한 선행 학습이 좋지 않다고 말한다. 1, 2년이나 진도를 앞서 달리는 게 나쁘지, 방학을 이용하여 한 학기를 미리 공부하는 정도는 성적에 도움이 된다는 것이다. 하지만 내 생각은 다르다. 과도하지 않은 선행 학습이라는 게 있을까? 1년이건 6개월이건 진도를 앞선다는 것 자체가 이미 과도한 것이다.

갓난아기에게 이유식을 먹이려는 부모는 없다. 소화기관이 충분히 성숙하지 않은 상태에서 이런 음식들을 먹으면 탈이 난다는 걸 잘 알기 때문이다. 학습도 이와 마찬가지다. 아이가 새로운 지식을 제 것으로 소화해 내려면 시간이 필요하다. 그런데 그럴 여유도 주지 않은 채 무조건 더 빨리, 더 많이 가르치려 들면 언젠가는 탈이 나게 되어 있다.

220

공부 잘하는 아이, 예습이 아니라 복습이 만든다

"공부 잘하는 아이로 키우려면 어떻게 해야 하나요?" 선행 학습은 이 질문에 대한 정답이 아니라 함정이다. 그렇다면 정답은? 바로 복습이다.

많은 사람들이 복습보다는 예습을 권하는데, 내 생각은 그렇지 않다. 예습은 다음에 수업받을 내용을 미리 공부하는 것을 말하는데, 6개월 이상 미리 진도를 나가는 선행 학습과는 다르기 때문에 체계적으로 하면 학습에 분명 도움이 된다. 그런데 예습과 복습을 한꺼번에 하기가 어렵다는 데 문제가 있다. 특히 초등학생에게 예습과 복습을 모두 하라는 건 너무 가혹하다. 학교에서 돌아와 책상에만 붙어 있으란 소리와 같다. 대부분은 예습과 복습, 둘 중 하나만을 선택할 기로에 서게 된다. 그렇다면 선택은 예습이 아니라 복습이어야 한다.

교육학자 에릭 젠슨(Eric Jensen)은 아이들에게 새로운 내용을 가르칠 때, 전체 시간의 10퍼센트를 도입을 위해 사용하고, 30퍼센트는 새로운 내용을 강의하고, 50퍼센트는 아이들이 새로운 내용을 나름대로 소화하도록 도와주어야 하며, 마지막 10퍼센트는 정리하는 데 쓰라고 했다.

젠슨이 새로운 내용을 가르치는 시간보다 아이 스스로 소화할 수 있는 시간을 더 주라고 충고했던 데는 이유가 있다. 아이들이 새로운 지식을 제대로 이해하고 처리하기 위해서는 배운 내용을 되새길 시간이 반드시 필요하기 때문이다. 어릴수록 더욱 그렇다.

사실 한 학급에서 절반 이상의 아이들은 그날 배운 것도 제대로 이해하지 못한다. 아이들이 똑똑하지 못하다는 이야기가 아니라, 배운 걸 제 것으로 소화하기 위해서는 시간이 필요하다는 이야기다. 이런 아이들에게 선행 학습이다, 예습이다 하면서 무조건 앞으로만 달리라고 하면 어떻게 될 것인가. 미처 이해하지 못한 내용들에 자꾸만 다리가 걸려 넘어지고 구르는 일만 생길 것이다.

반면 복습은 아이가 달릴 길을 매끈하게 다듬는 것과 같다. 배운 내용을 자기 것으로 소화하고 보다 깊이 있게 이해하도록 도와준다. 다음에 배울 내용의 기초를 익히는 셈이므로 앞으로의 수업에도 도움이 된다. 그뿐만이 아니다. 예습은 아이들에게 부담감을 주지만, 복습은 이미 배운 내용이므로 재미와 쾌감을 준다. 앞에서 수학을 좋아하기 위해서는 문제를 해결하는 맛을 느껴 봐야 한다고 말했는데, 그 맛은 예습보다는 복습을 통해 더 쉽게 얻어진다.

따라서 방학 중에 수학 공부를 시키고 싶다면 한 학기 진도를 앞서 나갈 게 아니라 전 학기의 부족한 점을 보충하는 게 낫다. 하교 후 공부하기 위해 책상에 앉았다면 다음 날 무엇을 배울까 살펴보기보다 오늘 무엇을 배웠는지 정리하는 게 훨씬 효과적이다.

물론 아이가 교과서에서 배운 것보다 더 많은 것을 알고 싶어 하는 경우도 있다. 이런 경우라면 전혀 말릴 이유가 없다. 오히려 칭찬해 주어야 할 것이다. 하지만 앞으로 배울 내용이 너무나 궁금해 스스로 찾아보는 경우가 아니라면 예습은 복습만큼 효과적이지 않다.

'남보다 빨리'가 능사는 아니다. 학습에서만큼은 '남보다 깊이'라는 말이 더 의미 있다. 앞으로만 달리기보다는 계속 되새기고 되돌아보며 충분히 소화해 낼 때, 비로소 지식은 온전히 아이의 것이 된다.

마지막에 웃는 사람이
되기 위하여

될성부른 나무는 떡잎부터 알아본다?

독일의 가우스는 아르키메데스, 뉴턴과 함께 세계 3대 수학자로 꼽히며, '수학의 왕'이라고도 불린다. 가우스가 초등학교 때의 일이다. 선생님이 아이들을 떠들지 못하게 할 요량으로 '1+2+3+4+5…+99+100'을 풀게 했다. 아이들은 엄청난 양의 덧셈을 하느라 떠들 엄두를 내지 못했다. 그런데 가우스만이 딴청을 부리는 게 아닌가. "문제 다 풀었니?" 하고 묻는 선생님에게 가우스는 자신 있게 고개를 끄덕였다. 가우스의 노트에는 단순하고 명쾌한 풀이가 적혀 있었다.

$$(1+100)+(2+99)+(3+98)\cdots+(49+52)+(50+51)$$
$$=101\times50=5050$$

어린 나이에 이런 독창적인 방법을 개발했으니, 가우스는 확실히 천재였다. 가우스도 어린 시절을 회상하며 "나는 말을 배우기도 전에 계산부터 했다."라는 우스갯소리를 하기도 했다.

하지만 역사에 이름을 남긴 위대한 수학자 모두가 '신동 출신'은 아니다. 영화 〈뷰티풀 마인드〉의 실제 주인공, 존 내시(John Nash)는 어릴 때 학습 지진아였다. 그가 수학에서 두드러진 재능을 나타내기 시작한 것은 고등학교 입학 후였다. 아인슈타인은 또 어땠나. 어린 시절에 암기를 끔찍하게 싫어해서 구구단을 외는 데에도 어려움을 겪었다고 한다. 교사의 질문에 대해 늘 더디게 대답했고, 좋아하지 않는 과목은 아예 거들떠보지도 않았다.

존 내시나 아인슈타인의 어린 시절은 확실히 우등생과는 거리가 멀었다. 두 사람 모두 집중력과 관찰력이 뛰어났고 생각하기를 좋아했지만, 보통 사람들의 눈에는 열등생, 사고뭉치로 비쳤을 뿐이다. 아인슈타인의 그리스어 선생님이 "넌 아무짝에도 쓸모없는 인간이 될 것이다."라고 악담을 했다는 유명한 일화도 있다.

하지만 20대에 이르러 그들의 인생은 180도 달라졌다. 존 내시는 수학적 재능을 인정받아 프린스턴대학교에 입학하였고, 이후 10년 가까이 '20세기 후반 가장 주목할 만한 수학자'라 불릴 만큼 뛰어난 업적을 쌓았다. 그리고 아인슈타인은 평범한 특허청 직원으로 일하던 26세에 특수상대성이론을 발표하여 전 세계를 깜짝 놀라게 만들었다.

이처럼 존 내시나 아인슈타인은 열등생이라는 오명을 벗고 위대한 수학자로 거듭났다. 하지만 우리 주변에는 이와 반대되는 경우, 즉 한때는 수학 신동이라 불렸지만 자라서는 범재에 그치는 사람들이 꽤 많다.

한창 대학에서 학생들을 가르칠 때 대학원 학생들에게 아이들을 직접 가르쳐 보라는 과제를 내 준 적이 있다. 어떤 학생이 한 동네에 사는 고등학생을 가르쳤던 경험을 보고서로 제출했다. 그 고등학생의 수학 성적은 아주 형편없었고 공부할 의욕마저 없어 수업을 진행하기가 매우 어려웠다고 한다. 그런데 아이의 어머니와 면담을 하다가 깜짝 놀랄 만한 사실을 알게 되었단다. 그 아이가 한때 초등학교 수학 경시대회 우승자였다는 것이다.

한 대학교수의 아들 역시 이와 비슷한 경우에 해당한다. 그는 4세 때 미적분을 척척 풀어내 '수학 신동'으로 불리며 화제를 모았다. 하지만 지금은 평범한 삶을 살고 있다.

흔히 "될성부른 나무는 떡잎부터 알아본다."라고들 한다. 하지만 존 내시나 아인슈타인 그리고 우리 주변의 '신동 출신 범재'들을 보면 꼭 맞는 말은 아닌 듯하다. 그보다는 "길고 짧은 건 대봐야 안다." "마지막에 웃는 사람이 승자"라는 말이 진리인 것 같다. 그러니 오늘 아이가 받아 온 성적표 한 장에 울고 웃을 필요는 없다. 마지막에 웃는 사람이 되기 위한 조건은 따로 있다.

한국 사람들은 '빨리빨리'를 참 좋아한다. 그래서일까. 아이를 키우는 데도 일찍부터 승부를 보려는 경향이 있다. 신동이나 영재 소리를 듣지 못하면 인생의 낙오자라도 되는 것처럼 급하게 서두르고, 초등학교 성적표 하나로 아이의 인생 전체를 점치려 한다.

하지만 초등학교 때의 성적이 과연 아이의 진짜 실력이라고 볼 수 있을까? 초등학교 성적이야말로 '거품 성적'인 경우가 많다. 경제에만 거품이 있는 게 아니다. 성적에도 있다. 시험 전날, 엄마 아빠가 아이를 끼고 서너 시간만 바짝 공부를 시키면 시험을 잘 보게 할 수 있다. 시험에 잘 나온다는 문제만 골라 풀이 요령만 가르쳐도 성적을 올릴 수 있다. 그러니 거품이라는 말이다. 하지만 이런 거품은 오래가지 않는다. 초등학교 고학년만 돼도 거품이 서서히 걷히기 시작한다.

예전에 우연히 텔레비전을 통해 일식 조리사들의 수련 과정을 보았다. 조리사 수련을 받은 지 3년째라는 한 남성은 생선 근처에는 얼씬도 못 한다고 했다. 설거지통에서 손 건질 날이 없고 그나마 설거지를 하지 않을 때는 칼을 갈아야 하기 때문이란다. 생선을 만질 정도가 되려면 이런 수련을 5년 이상 해야 한다고 했다.

입문하자마자 생선 다루는 법을 가르친다면 어떨까. 아마도 5년 이상 빨리 요리사를 만들어 낼 수는 있을 것이다. 그런데 5년간의 수련 기간을 거친 사람과 그렇지 않은 사람이 만

227

든 초밥 중 어떤 것을 먹겠느냐고 묻는다면 나는 전자를 선택할 것이다. 어깨너머로 보아 알게 된 것이 몸과 마음에 쌓여 있을 것은 물론이고, 요리와 손님을 대하는 마음가짐부터 다를 것이기 때문이다.

초등학교 시절은 일식 조리사들이 거쳐야 할 수련 기간과도 같다. 기술이나 요령을 배우는 게 아니라 마음가짐을 가다듬고 기본을 쌓아야 할 때다. 보다 구체적으로 말하면 바른 공부 습관을 들이고 스스로 생각하는 힘을 키워 나갈 때다.

스스로 생각하고 공부하는 습관은 하루아침에 몸에 배는 게 아니다. 지금 당장 눈에 띄게 성적을 향상시켜 주는 것도 아니다. 하지만 때로는 돌아서 가는 게 가장 빠른 길일 때도 있는 법이다. 생각하는 힘과 공부 습관은 평생 아이를 따라다니며 두고두고 그 효과를 발휘한다. 아이의 가장 든든한 자산이 되어 아이가 무엇을 하든 그 저력을 드러내게 할 것이다.

이 책에서 나는 수학적 자극을 주는 방법을 비롯해 여러 이야기를 했지만, 결국 모든 이야기가 스스로 생각하는 힘과 바른 생활 태도를 가진 아이로 키우자는 말의 동어 반복이라고 볼 수 있다. 이 두 가지야말로 어린 시절 꼭 길러야 하는 것들이다. 어린 시절이 중요하다고 하는 이유는 성적이 아니라 바로 이런 힘들을 키워 줘야 하는 시기이기 때문이다.

누군가는 초등학교 때 성적을 잡아 놓지 않으면 영원히 실패한다고 겁을 주면서 학원, 과외, 선행 학습 등을 해결책이라고 제시하지만 어림없는 소리다. 학원이나 과외를 통해 문

228

제 푸는 요령만 익힌 아이보다 생각할 기회를 얻었던 아이가 중고등학교, 빠르면 초등학교 고학년 때부터 두각을 드러내기 시작할 것이다. 초등학교 성적표는 아이에 대해 아무것도 말해 주지 않는다. 진짜 경기는 아직 시작되지도 않았다.

수학 영재가 되기 위해
꼭 필요한 열 가지

한 아이의 아빠이자 수학 교육자로서 자녀 교육에 대한 나의 생각을 앞에서 밝혔다. 그중 중요하다고 생각되는 열 가지를 아래에 정리했다. 이 열 가지는 돈을 많이 버는 부모만 할 수 있는 일도, 머리가 좋은 부모만 할 수 있는 일도 아니다. 내 아이에 대한 믿음이 있다면 누구나 실천할 수 있다.

스스로 생각하는 힘

스스로 생각하는 힘은 인생을 헤쳐 나가는 원동력으로, 살면서 만나는 크고 작은 문제를 현명하고 지혜롭게 해결하는 밑거름이 된다. 학습에 있어서도 생각하는 힘을 가진 아이들이 학년이 올라갈수록 두각을 나타낸다. 생각하는 힘을 키워주기 위해서는 시시때때로 "넌 어떻게 생각하니?" "왜 그렇게 생각하니?"라고 물어보라.

수학적 사고력

문제의 답을 구하기 위해 이 궁리 저 궁리 하는 과정들은 아이가 논리적이고 창의적으로 생각하도록 만든다. 문제를 해결하기 위해 다양하게 생각할 줄 알고, 전략을 개발할 줄 알면 수학 공부 절반은 성공한 셈이다. 이렇게 키워진 힘은 수학 문제를 풀 때만 발휘되는 게 아니라 모든 학습 영역과 인생 전반에까지 영향력을 미친다.

의사를 표현하는 능력

같은 수준의 생각을 가졌더라도 그것을 얼마나 효과적으로 잘 표현해서 다른 사람에게 공감을 줄 수 있느냐가 갈수록 중요해지고 있다. 또한 자기의 생각을 잘 표현할수록 생각의 폭이 넓고 깊어진다. 간혹 아이의 대변인 노릇을 하는 부모를 보게 되는데, 아무리 사소한 대답이라도 반드시 아이 입으로 하도록 도와주고, 아이의 말을 경청하고 격려해 주자.

실패를 극복하는 힘

누구나 실패를 경험한다. 그렇지만 누구나 이를 쉽게 극복하는 것은 아니다. 실패를 극복하는 힘, 위기를 관리하는 능력도 훈련을 통해 얻어진다. 때로는 아이의 좌절을 그냥 지켜볼 줄도 알아야 한다. 아이 발밑의 돌멩이를 치워 주는 것만 사랑이 아니다. 돌멩이에 걸려 넘어진 아이가 스스로 일어설 기회를 주는 것이 더 큰 사랑이다.

배우려는 욕구

시켜서 억지로 하는 아이는 그 시간을 어떻게 때울까 궁리하지만, 자발적으로 배우는 아이는 목표를 세우고, 목표를 위해 성실하게 연습하며, 그런 과정에서 책임감을 가지고 임한다. 또한 즐겁게 배우고 그 성과에 기뻐할 줄 안다. 이런 경험을 해 본 아이는 커서도 새로운 것에 대해 배우고자 하는 갈망을 가지며 성공적으로 배울 수 있다.

폭넓은 직접경험

경험의 차이가 곧 능력의 차이로 이어진다. 경험만큼 아이의 사고력과 호기심을 키워 주는 훌륭한 학습 교재는 없다. 아이에게는 넓은 세상을 보여 주고, 직접 부딪혀 볼 기회를 자주 주어야 한다. 직접 접하고 부딪히는 경험이 쌓일수록 궁금한 것도 많이 생기고, 알고자 하는 욕구도 샘솟는다.

바른 생활 습관

바른 생활 습관은 좋은 학습 습관으로 이어지고, 성인이 되었을 때 자기 관리 능력, 시간 관리 능력으로 이어진다. 또한 바른 생활 습관을 가진 사람이 더 건강하고 정서적으로 안정되어 있다. 아이의 생활 습관을 바로잡고 싶다면 우선 부모의 생활 습관부터 점검하라.

끈기와 집중력

끈기 있고 집중력이 강한 아이는 뭘 해도 성공한다. 끈기와 집중력은 타고나는 것이라고 생각하는 부모들이 많은데 사실이 아니다. 느긋한 부모, 기다려 주는 부모가 끈기 있고 집중력 강한 아이를 만든다. 아이가 하는 일이 서툴고 답답해 보여도 참견하거나 가로채서는 안 된다. 제 스스로 일을 끝마치고 거기서 성취감을 느낄 때 비로소 끈기와 집중력이 자란다.

자립심

요즘 부모들은 귀한 자식을 위해 기꺼이 힘닿는 만큼 뒤치다꺼리를 해 줄 마음의 준비가 되어 있다. 하지만 부모가 계속해서 뒤를 봐주면 아이는 홀로 설 힘을 잃게 된다. 부모도 자녀도 잘 잊어버리는 사실이지만, 아이는 빠르든 늦든 언젠가는 부모의 품을 떠나게 된다. 부모가 아이의 자립을 가로막지 않으면 아이는 무엇이든 자기 힘으로 해낼 수 있다.

마음껏 놀기

놀이를 통해 아이는 신체 조절, 언어, 인지 능력을 향상시키고 문제 해결 능력과 표현력을 기르며 사회성을 익힌다. 또한 스트레스와 긴장감을 해소하고 편안함과 즐거움을 얻는다. 아이가 뛰놀 장소와 편안한 옷을 제공해 주자. 책상 앞에서보다 놀이를 통해 더 많은 걸 얻고 배울 수 있을 것이다.

한눈에 보는 연령별 수학적 환경 만들기

연령	수학 놀이	비고
만 1세	조각 수가 적은 퍼즐 블록 놀이, 쌓기 블록 놀이	시각적 변별력과 추론력을 길러 준다. 도형의 모양과 성질을 파악할 수 있다.
만 2세	요철이 있는 끼우기 블록 놀이	겨냥도를 보면서 하면 더욱 좋다.
	시계 가리키며 시각 읽어 주기	기상, 식사, 취침 시간 등 아이의 일상과 관련하여 시계를 보게 한다.
	점선 따라 그리기, 도형 색칠하기	눈과 손의 협응력, 공간 감각을 길러 준다.
	여러 개의 같은 물건 가운데 다른 하나 찾기	공간 감각, 특히 시각적 변별력을 길러 준다.
	물건 제자리에 정리하기	공간 감각, 특히 시각적 기억력을 길러 준다.
	10까지 수 세기	10이 넘어가는 수는 욕심내지 않는다.
만 3세	화투나 카드를 이용한 기억력 놀이	전략 개발 능력과 스스로 생각하는 능력을 길러 준다.
	거울 보며 움직이기, 부모와 마주 보고 왼손·오른손 들기	공간 감각을 길러 준다.
	숫자 읽고 쓰기	1부터 10까지 한다. 쓰기는 강요하지 않는다.
	매시 정각에 시각 읽어 주기	시계에 대한 관심을 불러일으키고 정각 때 시계 바늘의 모양을 인식한다.
만 4세	보존 개념	수, 길이, 넓이, 무게, 부피, 들이 등 다양한 부분을 동시에 자극한다.
	덧셈과 뺄셈	10이 넘지 않는 한도 내에서 한다.
	분수 개념	일상에서 '2분의 1' '4분의 1' 등의 어휘를 사용한다.
	윷놀이, 카드놀이	추론력, 문제 해결 능력, 스스로 생각하는 능력, 전략 개발 능력을 길러 준다.

연령	수학 놀이	비고
만 5세	덧셈과 뺄셈	10이 넘어가는 수를 한다.
	보수 게임	계산 능력이 향상된다.
	100까지 세기	거꾸로 세는 연습도 함께한다.
	큰 수 읽기	1, 10, 100, 1000 등 자리의 값을 익힌다.
	곱셈과 나눗셈	묶어 세기, 3·6·9 게임 등 놀이를 통해 접근한다.
	답이 음수인 뺄셈	뺄셈을 웬만큼 하는 아이에게 시도한다. 가르치지 말고 기회 있을 때마다 질문을 던져 생각하도록 한다.
	측정하기	어림하기, 단위 읽기, 보존 개념을 안다. 측정 기구는 아날로그로 제공한다.
	소수 읽기	측정을 통해 아이가 자연스레 의문을 갖게 될 때 시도한다.
만 6세	종이접기	겨냥도를 보면서 하면 더욱 좋다.
	숨은그림찾기, 칠교판, 패턴 블록 놀이	공간 감각, 특히 배경과 도형을 지각하는 능력을 길러 준다
	기수법 익히기	큰 수를 읽을 줄 알면 가르친다.
	지도 보고 도시 찾기	한글을 읽을 수 있을 때 시작한다.
초등 저학년	지도 보고 최단 거리 찾기	확률, 경우의 수, 공간 지각력, 방향 감각, 거리 감각, 추론력을 길러 준다.
	가전제품 탐색하기	다양하게 사고하는 능력, 문제 해결 능력을 길러 준다.
	차량 번호판 숫자 더하기	보이는 차량 번호판 숫자의 합을 구한다.

우리 아이 수학 영재 만들기

1판 1쇄   2021년 3월 2일
1판 3쇄   2023년 7월 24일

지은이   전평국
관리   김승규
편집   우하경 김보경
디자인   박민수
일러스트 최지수
마케팅   김보미 정경훈

펴낸이   이수영
펴낸곳   롱테일북스
출판등록 제2015-000191호
주소   04033 서울특별시 마포구 양화로 113, 3층(서교동, 순흥빌딩)
홈페이지 www.longtailbooks.co.kr
전자메일 team@ltinc.net

ISBN   979-11-91343-00-7 (13370)

롱테일북스는 롱테일(주)의 출판 브랜드입니다.